中华精神家园

古迹奇观

玉宇琼楼

分布全国的古建筑群

肖东发 主编　冯化志 编著

中国出版集团
现代出版社

图书在版编目（CIP）数据

玉宇琼楼：分布全国的古建筑群 / 冯化志编著. —
北京：现代出版社，2014.5（2019.1重印）
ISBN 978-7-5143-2328-3

Ⅰ. ①玉… Ⅱ. ①冯… Ⅲ. ①古建筑－介绍－中国
Ⅳ. ①K928.71

中国版本图书馆CIP数据核字(2014)第057095号

玉宇琼楼：分布全国的古建筑群

主　　编：肖东发
作　　者：冯化志
责任编辑：王敬一
出版发行：现代出版社
通信地址：北京市定安门外安华里504号
邮政编码：100011
电　　话：010-64267325 64245264（传真）
网　　址：www.1980xd.com
电子邮箱：xiandai@cnpitc.com.cn
印　　刷：三河市华晨印务有限公司
开　　本：710mm×1000mm　1/16
印　　张：9.75
版　　次：2015年4月第1版　　2021年3月第4次印刷
书　　号：ISBN 978-7-5143-2328-3
定　　价：29.80元

　　党的十八大报告指出："文化是民族的血脉，是人民的精神家园。全面建成小康社会，实现中华民族伟大复兴，必须推动社会主义文化大发展大繁荣，兴起社会主义文化建设新高潮，提高国家文化软实力，发挥文化引领风尚、教育人民、服务社会、推动发展的作用。"

　　我国经过改革开放的历程，推进了民族振兴、国家富强、人民幸福的中国梦，推进了伟大复兴的历史进程。文化是立国之根，实现中国梦也是我国文化实现伟大复兴的过程，并最终体现为文化的发展繁荣。习近平指出，博大精深的中国优秀传统文化是我们在世界文化激荡中站稳脚跟的根基。中华文化源远流长，积淀着中华民族最深层的精神追求，代表着中华民族独特的精神标识，为中华民族生生不息、发展壮大提供了丰厚滋养。我们要认识中华文化的独特创造、价值理念、鲜明特色，增强文化自信和价值自信。

　　如今，我们正处在改革开放攻坚和经济发展的转型时期，面对世界各国形形色色的文化现象，面对各种眼花缭乱的现代传媒，我们要坚持文化自信，古为今用、洋为中用、推陈出新，有鉴别地加以对待，有扬弃地予以继承，传承和升华中华优秀传统文化，发展中国特色社会主义文化，增强国家文化软实力。

　　浩浩历史长河，熊熊文明薪火，中华文化源远流长，滚滚黄河、滔滔长江，是最直接的源头，这两大文化浪涛经过千百年冲刷洗礼和不断交流、融合以及沉淀，最终形成了求同存异、兼收并蓄的辉煌灿烂的中华文明，也是世界上唯一绵延不绝而从没中断的古老文化，并始终充满了生机与活力。

　　中华文化曾是东方文化摇篮，也是推动世界文明不断前行的动力之一。早在500年前，中华文化的四大发明催生了欧洲文艺复兴运动和地理大发现。中国四大发明先后传到西方，对于促进西方工业社会的形成和发展，曾起到了重要作用。

中华文化的力量，已经深深熔铸到我们的生命力、创造力和凝聚力中，是我们民族的基因。中华民族的精神，也已深深植根于绵延数千年的优秀文化传统之中，是我们的精神家园。

总之，中华文化博大精深，是中国各族人民五千年来创造、传承下来的物质文明和精神文明的总和，其内容包罗万象，浩若星汉，具有很强的文化纵深，蕴含丰富宝藏。我们要实现中华文化伟大复兴，首先要站在传统文化前沿，薪火相传，一脉相承，弘扬和发展五千年来优秀的、光明的、先进的、科学的、文明的和自豪的文化现象，融合古今中外一切文化精华，构建具有中国特色的现代民族文化，向世界和未来展示中华民族的文化力量、文化价值、文化形态与文化风采。

为此，在有关专家指导下，我们收集整理了大量古今资料和最新研究成果，特别编撰了本套大型书系。主要包括独具特色的语言文字、浩如烟海的文化典籍、名扬世界的科技工艺、异彩纷呈的文学艺术、充满智慧的中国哲学、完备而深刻的伦理道德、古风古韵的建筑遗存、深具内涵的自然名胜、悠久传承的历史文明，还有各具特色又相互交融的地域文化和民族文化等，充分显示了中华民族的厚重文化底蕴和强大民族凝聚力，具有极强的系统性、广博性和规模性。

本套书系的特点是全景展现，纵横捭阖，内容采取讲故事的方式进行叙述，语言通俗，明白晓畅，图文并茂，形象直观，古风古韵，格调高雅，具有很强的可读性、欣赏性、知识性和延伸性，能够让广大读者全面接触和感受中国文化的丰富内涵，增强中华儿女民族自尊心和文化自豪感，并能很好继承和弘扬中国文化，创造未来中国特色的先进民族文化。

2014年4月18日

帝王宫苑——避暑山庄

康熙年间始建避暑山庄 002

乾隆建家庙和宫殿及九门 015

乾隆敕建普宁和普佑等寺 032

乾隆寿辰建普陀宗乘之庙 046

增建文津阁和广缘寺等建筑 061

道教圣殿——武当山建筑

074 隋代后武当道观日益兴盛

082 明成祖敕建武当山宫观

093 武当山道教建筑初具规模

104 对建筑大规模修缮和扩建

太极名村——俞源村建筑

116　以天体现象进行设计布局

125　清代进入建筑鼎盛时期

阁楼洞天——青龙洞建筑

舞阳河畔壮观的悬空寺　136

清代修缮和扩建古建群　142

避暑山庄

承德避暑山庄又名"承德离宫"或"热河行宫",位于河北承德北部,距离北京约180千米,始建于1703年,历经清康熙、雍正和乾隆三朝,它与北京的颐和园、苏州拙政园和留园并称为"中国四大名园"。

承德避暑山庄曾是我国清朝皇帝的夏宫,由皇帝宫室、皇家园林和宏伟壮观的寺庙群所组成,它最大的特色是山中有园,园中有山。

整个山庄分为宫殿区和苑景区两大部分,内有康熙、乾隆皇帝钦定的72景及各类建筑百余处,是我国三大古建筑群之一。

康熙年间始建避暑山庄

　　1681年，清政府为加强对蒙古地方的管理，巩固北部边防，在距北京350多千米的蒙古草原建立了木兰围场。

　　木兰围场建成后，每年秋季，皇帝都带领王公大臣、八旗军队、乃至后宫妃嫔、皇族子孙等数万人前往木兰围场行围狩猎，以达到训

■承德避暑山庄长廊

■ 承德避暑山庄热河泉

练军队、固边守防之目的。

　　为了解决皇帝沿途的吃、住，清朝在北京至木兰围场之间，相继修建了21座行宫，"热河行宫"又称"避暑山庄"就是其中之一。

　　避暑山庄及其周围寺庙始建于1703年，至1713年这一阶段结束，避暑山庄主要是开拓湖区、筑洲岛、修堤岸，随之营建宫殿、亭榭和宫墙以及皇家寺庙溥仁寺和溥善寺，使避暑山庄初具规模。

　　热河泉位于避暑山庄湖区东北隅，是避暑山庄湖泊的主要水源。清澈的泉水从地下涌出，流经澄湖、如意湖、上湖、下湖，自银湖南部的五孔闸流出，沿长堤汇入承德武烈河。

　　热河全长700多米，是我国最短的河流，发源于避暑山庄诸泉的一条涓涓细流，主要水源来自热河泉。冬季水温为八度。泉侧有巨石，刻"热河"两字。

木兰围场 位于承德围场满族蒙古族自治县，距避暑山庄135千米，自古就是一处水草丰沛，禽兽繁集的天然名苑。1681年，康熙皇帝在此建立了方圆10000平方千米的皇家猎苑，有东庙宫、乾隆打虎洞及古长城说碑等多处建筑。

■ 承德避暑山庄的
水心榭

康熙皇帝（1654
年—1722年），
爱新觉罗·玄
烨，清朝定都
北京后的第二位
皇帝。他在位61
年，是我国历史
上在位时间最长
的皇帝，也是我
国统一的多民族
国家的强力捍卫
者。他奠下了清
朝兴盛的根基，
开创出康乾盛世
的大局面。

据考证，大约在7000万年前，这里曾发生了规模
巨大的火山喷发，形成许多裂缝，地面上的水通过断
裂渗入地下，经地温加热水温升高，再由深处涌出，
便形成了后来的热河泉。热河泉也因此而成为避暑山
庄极为重要的一道景观。

避暑山庄内的如意洲为湖中之岛，因形似"如
意"而得名，是山庄内最大的洲岛。康熙皇帝和后来
乾隆皇帝钦选的72景中有12景就建在如意洲上，主要
有无暑清凉、观莲所、金莲映日、水芳岩寿、延薰山
馆、一片云和沧浪亭等。

月色江声在避暑山庄水心榭之北，为一椭圆形岛
屿。建于1703年。临湖三间门殿，康熙帝题额"月色
江声"，取意于苏轼的《赤壁赋》。

岛上建筑布局采取北方四合院手法，殿宇之间有

游廊相连。门殿西有冷香亭，盛夏可坐亭赏荷。门殿北为静寄山房，是清帝读书处。静寄山房后的莹心堂也是一处清帝书斋。莹心堂后面的四合院有康熙帝的题额"湖山罨画"。该院门殿外的支柱，看上去歪斜欲倒；实际上却坚牢稳固，这是山庄建筑三绝之一。据说这是出于康熙皇帝的授意，寓意"上梁不正下梁歪"，用以警戒臣工。

山庄西湖上，有条用石垒砌的堤桥一座，西湖之水由桥孔注入东湖。堤桥两端分别立宝坊一座，是康熙三十六景之三十二和三十三景，北曰"双湖夹镜"，南曰"长虹饮练"，均为康熙皇帝所题。

金山在避暑山庄澄湖东侧，是仿江苏镇江的金山而建，包括"康熙三十六景"第十八景"天宇咸畅"和第三十二景"镜水云岑"两组建筑。

山的南麓有石阶通水溪，石阶北为门殿，山半有镜水云岑殿，山上有天宇咸畅殿，山巅有上帝阁。自西侧水溪芳洲亭起，有形如半月的爬山廊将各殿宇连通。上帝阁当年中层供奉真武，上层供奉玉帝。循阁内木梯登阁，宛如置身于镇江金山的妙高峰上。

香远益清位于山庄金山东北部的古松林中，为"康熙三十六景"

承德避暑山庄西湖

中的第二十三景。东有小溪曲沼洄沿，前后临池。这里以花取景，绿房紫萏，芳香竞放。因此康熙皇帝题名"香远益清"。

说此处"出水涟漪，香远益清，不染偏奇"。后来乾隆皇帝也题诗赞道："春光六月天，照影濯清涟。逸韵风前别，生香雨后鲜"。

四面云山在避暑山庄西北隅最高处，圣祖康熙题额"四面云山"。此名胜为当年"康熙三十六景"中的第九景。

亭子切汉凌霄，群山拱揖，各开生面。东眺天桥，云垂檐际；南则玉冠诸峰，望如屏列；北则金山、黑山屹峙；广仁岭迤西诸峰，盘礴案衍，络绎奔赴。凭虚纵览，万景天全。

四面云山的亭子，是清帝每年重阳时节登高处。康熙曾经作诗咏四面云山：

玉宇琼楼

分布全国的古建筑群

珠状崔嵬里，兰衢入好诗。

远岑如竞秀，近岭似争奇。

■ 承德避暑山庄之"香远益清"

雨过风来紧，山寒花落迟。

亭遥先得月，树密显高枝。

湖平无涌浪，雾净少多歧。

脉脉金明液，溶溶积翠池。

常忧思解愠，乐志余清悲。

素学臣邻老，耆年自不知。

　　青枫绿屿北枕双峰亭与南山积雪亭之间的山鞍部，为一处庭园，建于康熙时期，下为悬崖绝壁。此处多枫树，叶茂荫浓完全可与江南的梧桐和芭蕉相媲美。

　　庭园南部是半圆形的篱笆墙，进月门，东侧有殿三间，面西额题"霞标"。到后来的乾隆皇帝时，每逢中秋佳节，他都要策马登山，临此听鸟观山，登高赏月，吟诗诵赋。

　　篱笆门的正面有南向殿三间，额题"青枫绿屿"，殿后粉墙横隔，墙根山石疏点，过圆洞门，便是五间大殿，殿额为"风泉满清

■ 澹泊敬诚殿的
"澹泊敬诚"匾

仙鹤 寓意延年益寿。在古代是一鸟之下，万鸟之上，仅次于凤凰。明清一品官吏的官服编织的图案就是"仙鹤"。同时鹤因为仙风道骨，为羽族之长，自古被称为"一品鸟"，寓意第一。仙鹤代表长寿、富贵。传说它享有几千年的寿命。仙鹤独立，翘首远望，姿态优美，色彩不艳不娇，高雅大方。

听"。院西有吟红榭殿，每当霜秋，锦树分丛，丹霞沉彩。

澹泊敬诚殿是避暑山庄的正殿，始建于1710年，是避暑山庄正宫的核心建筑，也是清代举行重大庆典，百官朝觐，接见少数民族首领和外国使节的地方。此殿规模宏大，因全部用楠木改修，故又称"楠木殿"。澹泊敬诚殿前有外、内午门，朝房、乐亭，后有四知书屋和寝宫等建筑。

澹泊敬诚殿的大殿面阔七间，建在大理石砌筑的台基上，为青砖布瓦卷棚、单檐歇山式建筑，古朴典雅，庄重肃然。

殿中悬"澹泊敬诚"匾。中央为紫檀雕栏须弥座地坪，上置有紫檀浮雕耕织图围屏、紫檀弥勒宝座、足踏、座褥、靠背、迎手、羽葆、蟠龙、垂思香筒、仙鹤、香几和印盒等。

在澹泊敬诚殿大殿周围设有薰炉、炉几、珐琅炉、东大案、西大案，案上有钟表、青花贯耳尊、霁兰天球瓶、青花双耳尊、五彩山水鹿头尊和紫檀雕龙大立柜等。

在北山墙格内，珍藏有编纂于康熙年间的《古今图书集成》。在大殿东西山墙上还镶嵌有乾隆皇帝的《赋得澹泊敬诚》诗贴、《皇舆全图》等。

澹泊敬诚殿后为四知书屋，康熙皇帝曾题名"依清旷"，后来乾隆皇帝又增题"四知书屋"。据说皇帝上朝前后，要在四知书屋内更衣，有时皇帝也在此召见王公大臣和少数民族首领。

烟波致爽殿在澹泊敬诚殿之后，为康熙皇帝当时的寝宫，始建于1710年，为"康熙三十六景"中的第一景。此殿因康熙皇帝谓此"四周秀丽，十里平湖，

须弥座 又名"金刚座""须弥坛"，系安置佛像的台座。在印度古代传说中，须弥就是须弥山，是世界的中心。用须弥山做底，凸显佛的神圣伟大。我国最早的须弥座出现在山西云冈北魏石窟，为上下出涩、中部束腰式。

■ 避暑山庄澹泊敬诚殿

■ 承德避暑山庄内
凉亭

匾额 是古建筑的
必然组成部分，
匾额中的"匾"
字古也作"扁"
字。是悬挂于门
屏上作装饰之
用，反映建筑物
名称和性质，表
达人们义理、情
感之类的文学艺
术形式即为匾
额。但也有一种
说法认为，横着
的叫匾，竖着的
叫额。

致有爽气"而得名。正殿东西两侧各有一小跨院，为
后、妃居住之所。

内午门又名"阅射门"。是因为当时康熙皇帝经
常在此门接见官吏及各少数民族首领，并举行射箭比
赛，选拔官吏。皇子皇孙也参加表演，看射箭比赛，
当时有名词叫"阅射"，因而得名"阅射门"。

此门中间开三门，中门上悬1711年行宫建成时，
康熙皇帝御笔镏金匾额一面，上面书有"避暑山庄"
四个金色大字，四周有镏金铜龙环绕。

在内午门前东西两侧，有一对铜狮子，铸造于
1708年，重约5吨，为清代的艺术珍品。传说，这对
铜狮是文殊菩萨的坐骑，具有灵性。

避暑山庄在宫门设置上，依然按照古代"天子九
门"的规则，辟有九座宫门。康熙时，只完成流杯亭
门、西北门、坦坦荡荡门和仓门的建造。

流杯亭门位于后来的德汇门东，是避暑山庄的东

宫墙门，俗称东门，因此门正对着山庄内"香远益清"这组建筑中的流杯亭而得名，所以康熙皇帝为它题为"流杯亭门"。"流杯"之名，是康熙借鉴王羲之"曲水流觞"的意境而题，此门是僧人进山庄诵经的行走之门。

西北门位于避暑山庄西北，为九门中地势最高的宫门，是帝后出山庄去清代皇帝家庙殊像寺的通行门。西北门外有一座简朴园林，名"狮子园"，是康熙皇帝赐给皇四子雍亲王胤禛的府邸。后来这里的地名叫"狮子沟"，就是这个原因。

坦坦荡荡门又称"月牙门"，位于仓门之西。此门为避暑山庄九门之一，既是宫墙门又是绮望楼的三间门殿。一楼明间为厅，可进出山庄，但不作通行用，只是供帝后观景之用，康熙为门楼上三间大厅题额"坦坦荡荡"，比喻心地纯洁，胸怀广阔。

仓门在后来的丽正门西，是避暑山庄内粮草等物资进出的专用门。仓门的规制最低，仅为宫墙上辟门的随墙门而已。

溥仁寺和溥善寺位于避暑山庄东，承德武烈河东岸，依山傍水，

■ 承德避暑山庄"狮子园"

■避暑山庄美景

风景秀丽。溥仁寺在前，占地3.4公顷，俗称"前寺"；溥善寺在后，占地1.1公顷，俗称"后寺"。

溥善寺早已荒废，溥仁寺便成康熙年间仅存的庙宇。"溥"通"普"，取"普遍、广大"之意，寓意皇帝深仁厚爱普及天下。

溥仁寺按标准的汉式"伽蓝七堂"规制建造，四周有护墙环绕。山门面阔三楹，进深两间，两侧设腰门。进山门东西两侧立幢杆各一，幢杆北摆钟和鼓楼。在山门内主轴线上布置有主殿三座：天王殿、慈云普阴殿和宝相长新殿。

山门正北为天王殿，面阔三楹，进深两间，两侧设腰墙。腰门与后部相隔，形成一进院落。二进院落正北为正殿名大雄宝殿，门额"慈云普荫"，面阔七楹，进深五间，周围廊，前后檐明次间设隔扇门，前据稍间设槛窗，后檐稍间封实墙。檐下用重昂五踩斗拱，单檐歇山，黄琉璃瓦顶。中三间后老檐前增设金柱四根，柱之间封屏壁，形成夹道通后院。屏壁前供主尊三世佛。

在释迦佛两侧为其两大弟子迦叶和阿难。左右山墙置坛，供姿态各异的十八罗汉，这些佛像均用昂贵的髹漆夹拧塑造。慈云普阴殿墙壁不施彩绘，顶棚设"六字真言"井口天花。

殿内横额"具大自在"，条幅"以清净果证因护持斯万；现广长舌说法声震大千。"慈云普荫殿之前东西各立御制石碑一通，记述建庙背景，左右有配殿，面阔各五楹，进深三间。

慈云普荫殿后为三进院落，主殿名"宝相长新"，面阔九楹，进深三间。中三间设廊，每间装隔扇，其余设槛窗，檐下施单昂三踩斗拱，布瓦硬山屋顶。殿内供九尊无量寿佛，表九九万寿。

井口天花为六字真言图案。主殿前有东西配殿各五间，均由廊庑与后殿相连，形成三面封闭的院落。三进院落之后有大块平地，广植松、榆等树。

康熙皇帝在建成避暑山庄后，几乎每年都来这里避暑。万壑松风殿是万壑松风的主殿。康熙帝经常在这里接见官吏，批阅奏章，读书写字。据说，康

奏章 我国古代时期，大臣向皇帝进言或汇报事情时所使用的文书，是大臣和皇帝之间交流的主要途径。在奏章中，大臣可以向皇帝表达自己对于朝政的意见或其他事情的看法或建议等，是否认真批复奏章也是区分一位皇帝是否贤明的重要标志。

■ 承德避暑山庄康熙三十六景之一

熙皇帝特别喜欢皇孙爱新觉罗·弘历，他在1722年患病之时，特诏爱新觉罗·弘历于当年夏天随他一道入避暑山庄宫中。康熙皇帝"万壑松风"赐给了爱新觉罗·弘历居住，而且康熙皇帝平时进宴或批阅奏章，都要他侍奉在旁，朝夕教诲。

后来，爱新觉罗·弘历继位成为乾隆皇帝后，将这座殿宇题名为"纪恩堂"，并写了《避暑山庄纪恩堂记》，以纪念康熙皇帝对他的眷顾养育之恩。

此外，据史料记载，康熙皇帝在避暑山庄期间曾钦选了避暑山庄园中佳景，以四字为名题记载下了当时避暑山庄的"三十六景"：

玉宇琼楼
分布全国的古建筑群

烟波致爽、芝径云堤、无暑清凉、延薰山馆、水芳岩秀、万壑松风、松鹤清樾、云山胜地、四面云山、北枕双峰、西岭晨霞、锤峰落照、南山积雪、梨花伴月、曲水荷香、风泉清听、濠濮间想、天宇咸畅、暖流暄波、泉源石壁、青枫绿屿、莺啭乔木、香远益清、金莲映日、远近泉声、云帆月舫、芳渚临流、云容水态、澄泉绕石、澄波叠翠、石矶观鱼、镜水云岑、双湖夹镜、长虹饮练、甫田丛樾、水流云在。

溥仁和溥善是清代"外八庙"中的两座寺庙。

史料记载，康熙皇帝在位时，经他不懈的努力，漠北、漠南和喀尔喀等蒙古地区出现了20余年的安定局面，不仅这些地区的牧业生产发展了，清廷与蒙古各部的关系也更密切了。

1713年，诸蒙古王公为庆贺康熙皇帝60寿辰，"奏请"在避暑山庄建寺院做庆寿盛会之所。康熙皇帝欣然"恩准"，于当年建造溥仁、溥善二寺，供蒙古诸部大聚会使用，取"寓施仁政于远荒"之意分别题名"溥仁寺""溥善寺"。

阅读链接

乾隆建家庙和宫殿及九门

1741年，乾隆皇帝恢复了"木兰秋狝"。"木兰"本系满语，汉语意为"哨鹿"，也就是捕鹿。这种活动一般是在每年的七八月间进行，因古代指秋天打猎为狝，所以又称"秋狝"。

此后，清代皇帝每年秋天都到木兰围场巡视、狩猎。自1741年起，直至1754年这段时期里，乾隆皇帝除开始对康熙时期的避暑山庄宫殿建筑进行修缮外，还进行了全方位的大规模扩建，增建了殊像寺、丽正门、城关门、东宫、惠迪吉门和碧峰门等宫殿建筑和多处精巧的皇家寺庙建筑，避暑山庄的正宫九门与"承德外八庙"日臻完善。

1741年，乾隆皇帝陪皇太后到山西五台山文殊菩萨道殊像寺进香，见文殊妙相庄严，令人起敬，"默识其像以归"。后因清廷有乾隆皇帝出生承德狮子园传言，进而有人就附会传说乾隆皇帝是文殊菩萨转世。

1744年，皇太后特命内务府仿山西五台山殊像寺现制，按香山文殊相貌在避暑山庄北修建殊像寺，是一座典型的汉族形式的庙宇。殊像寺落成时，乾隆皇帝参加瞻礼，并作诗道：

歇山顶 为我国古建筑屋顶式样之一，由一条正脊、四条垂脊、四条戗脊共九脊组成，俗称九脊殿。垂脊的结构顺序和歇山顶一样。两侧山花板下部是两个窄坡屋顶，一道博脊向外延伸，以便雨水排出山花板之外。

玉宇琼楼

分布全国的古建筑群

■ 承德避暑山庄湖区风景

殊像全规台庙模，撰辰庆落礼曼殊。

金经蒙古犹常有，宝帙皇朝可独无？

译以国书宣白业，习之修土翊浮屠。

虽然名实期相称，师利应嗤谓是乎。

　　此后，清廷对殊像寺按家庙管理，里面的僧人也全为满族人，故为清廷的家庙。

　　殊像寺是皇帝和太后经常临幸之所，其建筑高低错落，内部考究，环境幽雅，采用庭园布局手法，大规模叠砌假山，散植松树，创造了自己的独特风格。

　　殊像寺东西115米，南北200米，占地面积27公顷。在殊像寺山门面南，面阔三楹，进深两间，单檐歇山顶，内供护法神哼、哈二将。

鎏金 古代金属工艺装饰技法之一。是将金和水银合成金汞齐，涂在铜器表面，然后加热使水银蒸发，金就附着在器面不脱，同时也起到防锈的作用。这种技术在春秋战国时已经出现。汉代称"金涂"或"黄涂"。我国关于鎏金技术的记载，最早见于东汉梁国。

玉宇琼楼

分布全国的古建筑群

■承德外八庙

山门前左右置石狮一对，两侧设腰门。过门殿两侧有钟、鼓楼，均为面阔三楹，进深一间，单檐歇山。

山门正北为天王殿，面阔五楹，进深两间，单檐歇山。前后檐封木壁板，中三间设欢门，稍间开欢窗，殿两侧置腰墙，界以一进院落，腰墙辟腰门与二进相通。

天王殿北两侧为东、西配殿，东殿名"馔香室"，西殿名"演梵堂"。天王殿正北地势增高，上多级大石阶可登月台，月台北建"会乘殿"。

会乘殿位于寺中心，居高临下，是全寺主殿。面阔七间，进深五间，重檐歇山顶，上覆黄琉璃瓦，下层用单翘单昂五踩斗拱，上层平面向里收缩，减为面阔五间，进深三间，使用单翘重昂七踩斗拱。

在殿内正中，供有杉木金漆塑像三尊，皆高一丈七尺。殿内居中供文殊菩萨，他骑在青狮上，正在说

■ 承德寺院群

法讲经，显得十分智慧和威德，是佛像中不可多得的瑰宝。

文殊东边是骑白象的普贤菩萨，西边是骑犼的观世音菩萨。供桌前东西各置万寿塔，八角三层楠木，高两丈，两塔内供鎏金钢质无量寿佛五百零八尊。殿内横匾"会通三际"，楹联一副：

发心为众生缘深入善权菩萨果；
现相如三世佛了分身住曼殊床。

会乘殿前东、西两侧有配殿，东为指峰，西为面月。会乘殿北，顺势置假山，垒石穿洞，潜岩渡桥，沟壑纵横，曲径幽深，是五台山的缩影。

假山如朵朵祥云，载运一座高阁，名"宝相阁"，又名"净名普现"，重檐八角，黄琉璃瓦顶绿

祥云 从周代中晚期开始，逐渐在楚地形成了以云纹特别是动物和云纹结合的变体云纹为主的装饰风格。这股风气到秦汉时已是弥漫全国，达到了极盛。云气神奇美妙，发人遐想，其自然形态的变幻有超凡的魅力，云天相隔，令人寄思无限。所以，在古人看来，云是吉祥和高升的象征，是圣天的造物。

剪边，正东、西、南、北四面设门，四斜面设槛窗。

　　在宝相阁内石制须弥座上，有高11.6米的木雕文殊菩萨骑狮像，传说是按乾隆皇帝容貌塑造。两侧有两力士像，各高3米。阁内横额"净名普现"，楹联一副：

　　　　　　佛说是本师宏宣象教；

　　　　　　天开此初地示现狮峰。

　　宝相阁前的东、西两侧，各有配殿各三间，东为云来，西为净雪。其正北有清凉楼两层，每层九间，楼内供文殊，一楼门额"妙五福德"，楹联一副：

　　　　　　地分台麓示居国；

　　　　　　座挹锤峰供养云。

二楼门额"相合台怀"，楹联一副：

地上拈将一茎草；

楼上现出五台山。

清凉楼前两侧有配殿，面阔五楹，东为"吉辉"，西为"慧喜"，慧喜殿西有六角亭。净雪殿西有一小院，正室三间，名"香林室"，室后设月门。

室前东有方亭一座，西有小楼名"倚云楼"，两层。皇帝到殊像寺上香时，皇后在此梳妆，故又名"梳妆楼"。

殊像寺内原有一口大锅，直径2.41米，高2米，壁厚0.06米，由88块铜板铸接而成，重约5吨，用18根铁柱支撑。平时储水防火，每逢腊月初八，该寺僧人就用此锅煮"腊八粥"，承德各寺的僧人都到这里吃粥承恩。对非僧人乞讨者也放粥行善。

文园狮子林由东西两部分建筑组成，始建于1747年，最早修建丛芳榭于其西部。后来，乾隆皇帝巡游苏州归来，又在其东仿照苏州同

■ 承德避暑山庄内的文园

玉宇琼楼

分布全国的古建筑群

■ 承德避暑山庄湖区景致

画舫 舫是船的意思，画舫就是装饰华丽的小船。一般用于在水面上荡漾游玩、方便观赏水中及两岸的景观。有时候画舫也指仿照船的造型建在园林水面上的建筑物，做法与真正的画舫较为相似，但是下部船体采用石料，所以像船而不能动，一般固定在比较开阔的岸边，也称不系舟。

名景添建狮子林，先建八景，后续八景，形成一组别致的小园景区。

园内16景为：狮子林、虹桥、假山、纳景堂、清心阁、藤架、磴道、占峰亭、清淑斋、小香幢、探真书屋、延景楼、画舫、云林石窟、横碧轩和水门。

园内假山崎岖，建筑精巧玲珑，具有元代大画家倪瓒笔下的狮子林图及江南私家园林小中见大的意蕴。有楼堂亭轩十余座、百余间，尤以叠石著称，并特召苏州山石高手堆塑而成。乾隆皇帝曾十次题咏"狮子林十六景"，匾诗刻石颇丰。

松鹤斋建于1749年，位于避暑山庄正殿东侧。因乾隆皇帝母亲清圣宪皇太后和嫔妃曾经居此。当年"青松蟠户外，白鹤舞庭前"，乾隆帝取松鹤益寿延年之意题名，为"乾隆三十六景"的第三景。

主要建筑包括门殿、含辉堂、绥成殿、乐寿堂和畅远楼等。其中，绥成殿为后来嘉庆皇帝皇子们的读书起居之所，道光皇帝以后则在此供奉清朝历代皇帝的神位。

乐寿堂是乾隆皇帝母亲清圣宪皇太后居住的寝宫，后来的嘉庆皇帝晚年也经常居住在这里。

畅远楼形制与"云山胜地"相同，是观赏湖区风景的高视点。楼后有垂花门，出门即为万壑松风殿。

烟雨楼位于避暑山庄如意洲之北的青莲岛上，始建于1750年，仿浙江嘉兴南湖烟雨楼而建。烟雨楼自南而北，前为门殿，后有楼两层，红柱青瓦，面阔五间，进深两间，单檐，四周有廊。上层中间悬有乾隆御书"烟雨楼"匾额。

烟雨楼东为青阳书屋，是皇帝读书的地方，楼西为对山齐，两者均三间，楼、斋、书屋之间有游廊连通，自成精致的院落。

垂花门 是我国古代建筑院落内部的门，因其檐柱不落地，垂吊在屋檐下，称为垂柱，其下有一垂珠，通常彩绘为花瓣的形式，故被称为垂花门。它是四合院中一道很讲究的门，是内宅与外宅的分界线和唯一通道。旧时人们常说的"大门不出，二门不迈"，"二门"即指此垂花门。垂花门是全宅中最为醒目的地方。

帝王宫苑

避暑山庄

■ 承德避暑山庄烟雨楼

■ 承德避暑山庄丽正门

门钉 是钉于大门扇外面的圆形突起，是我国古建筑大门上的一种特有装饰。我国古建筑中，尤其在北京的宫殿、坛庙、府邸这些古建筑的大门上，都有纵横排列的门钉。这些门钉不仅是装饰品，而且体现着封建的等级制度。门钉起源久远，我国古代为防御外侵，城门制作十分坚厚，在大门上包有铁板，且用戴帽的门钉钉住。这种方法一直沿用数千年。

烟雨楼为澄湖视高点，凭栏远望，万树园、热河泉、永佑寺等历历在目。夏秋时湖中荷莲争妍，湖上雾漫，状若烟云，别有一番景色。乾隆皇帝曾赋诗：

最宜雨态烟容处，无碍天高地广文。
却胜南巡凭赏者，平湖风递芳荷香。

从1751年起，乾隆帝每年约有半年时间住在避暑山庄，处理军情政务。乾隆皇帝在这里接见并宴赏过厄鲁特蒙古杜尔伯特台吉三车凌、土尔扈特台吉渥巴锡，以及西藏六世班禅仓央嘉措等重要人物，还在此接见过以特使马戈尔尼为首的第一个英国访华使团。

丽正门是避暑山庄的正门，也是避暑山庄正宫的正门，其旁边建有小南门、小东门和小北门三座便门。总体布局规格严整，风格质朴秀丽，为避暑山庄的乾隆三十六景之首。

丽正门建于1754年，在建筑风格上，继承了我国明代"门上筑堞起楼以壮奇观"的做法，下设三开间门洞，上建城堞，就是城上如齿状的矮墙和供守城将士瞭望的阙楼，四面围廊、单檐歇山卷棚布瓦顶，给人以雄伟壮观之感。

丽正门的每座门洞都设有两扇朱漆大门，每扇门上都钉有只准天子使用的81颗铜门钉。正中央的门洞上方，镶嵌有用汉、满、蒙、维、藏五种文字题写的"丽正门"匾额，其中汉文为乾隆皇帝御笔。

用五种文字雕刻同一块匾，象征清王朝是一个统一的多民族国家。

在丽正门中门北面的门额上，刻有乾隆皇帝于

■ 避暑山庄烟雨楼

玉宇琼楼

分布全国的古建筑群

■ 承德避暑山庄丽正门前的照壁 照壁是我国传统建筑特有的部分。设立在一组建筑院落大门的里面或者外面的一组墙壁，它面对大门，起到屏障的作用。不论是在门内或者门外的照壁，都和进出大门的人打照面，所以照壁又称"影壁"或者"照墙"。唐朝后期，山西晋商的兴起，推动了照壁等建筑艺术的发展，雄厚的财力可以让砖雕匠师们有更大的发挥空间，从而创造出大量的精美照壁。

1754年题写的一首诗：

　　岩城埤霓固金汤，坦荡门开向午阳。
　　两字新题标丽正，车书恒此会迩方。

　　此诗大意是，大清朝的江山就像避暑山庄美丽如画，像雄伟坚固的宫墙一样固若金汤，而坦荡的宫门向正南方敞开着，更是寓意着乾隆时期国内各民族团结，国家强盛和统一。

　　按清代典制，丽正门的中门只有皇帝和他的父母及随行的后妃、皇子才能经此门出入，其他王公大臣、文武官员只能从丽正门的左右侧门进宫。

　　丽正门内便是正宫区。进丽正门沿中轴线北行是正宫，依次是午门、正宫门、澹泊敬诚殿、四知书屋、万岁照房、门殿、烟波致爽殿、云山胜地楼和岫云门等。

丽正门门口的两侧是两尊象征着帝王权力与威严的石狮子，离石狮子20米处东西两翼各有一通4米高的石制"下马碑"，碑上用四种文字刻有"官员人等至此下马"，意思是除皇帝外，所有王公大臣到此碑前都必须下马、下轿步行入宫。

但后来西藏宗教领袖六世班禅仓央嘉措，是清朝历史上，乾隆皇帝特破此"皇规"，而允许其坐轿入宫的唯一的觐见者。

丽正门前分设堆拔房两座，有青石铺路的御道广场，在广场正南置有一座起着把皇帝宫苑与市井隔开的红色照壁，长23.5米，宽1.4米，高6米。相传，在照壁墙内住着一只金鸡，每天黎明前，如果轻叩朱壁，可以听到金鸡的报晓声。

城关门位于丽正门与德汇门之间，建于1754年。清帝夏季巡狩热河驻跸山庄，每年大约五个月之久，

■ 承德避暑山庄德汇门

天井 开井是南方房屋结构中的组成部分，一般为单进或多进房屋中前后正间中，两边为厢房包围，宽与正间同，进深与厢房等长，地面用青砖嵌铺的空地，因面积较小，光线为高屋围堵显得较暗，状如深井，因而得名。

全国各地奏折都不停地送往避暑山庄，而城关门就是专供各地信使快马直入内宫而建的。

城关门规格虽低，但往来传递的都是国家大事，非同一般。城关门位于丽正门东，为一楼一洞的城台式阙楼，在清代也是山庄服务人员及宫中用品、货物运输进出的专用门。

避暑山庄东宫位于松鹤斋之东，地势比正宫和松鹤斋低，规模宏大，建于1754年，被誉为"卷阿胜境"，主要建筑有德汇门、门殿、前殿、清音阁、福寿园、勤政殿、卷阿胜境殿等七进建筑组成的。避暑山庄的中轴线从东宫德汇门中门穿过。

德汇门为避暑山庄九宫门之一，既是山庄的大门，又是东宫的宫门，其规制与丽正门完全相同，只是门前没有照壁、石狮和下马碑。

德汇门为重台，面阔三楹，进深两间，形制与丽正门略同。德汇门北为门殿，七楹，两边有井亭各一座。门殿北为前殿，面阔十一楹，进深三间。

■ 承德永佑寺塔

前殿北为大戏楼，名清音阁，三层。面阔三楹，长16.69米；进深三间，宽14.45米；一、二层净高各5米，规格相同，三层略小。上层匾额"清音阁"，中层"云山韶"，底层"响叶钧天"。台前对联：

鱼藻庆那居诗徵恺乐；
凤梧鸣盛世音矢游歌。

每层台板设天井，一层台板底下有地音室，地音室内掘地井五个，井深近6米，直径2米。地井有利戏音清晰宽厚；天井有利使用道具，提高演出效果。

如演神话戏，神仙可以升天，鬼怪可出地狱，仙女可从天降，哪吒可以闹海。清音阁两侧有扮戏房，上下两层各九楹。

清音阁正北为"福寿阁"，顶层设皇太后、皇帝和后妃看戏坐席，两侧有群楼与扮戏房相连，是朝廷大臣，外国使节和蒙古王公看戏的地方。

戏楼 又叫作戏台，是专门供演戏使用的建筑。我国传统戏曲的演出场地，种类繁多，在不同的历史时期，有不同的样式、特点、建造规模。最原始的演出场所是广场、厅堂、露台，进而有庙宇乐楼、瓦市勾栏、宅第舞台、酒楼茶楼、戏园及众多的流动戏台。

建于康熙四十八年一七
零九年康熙题额水心
榭是指建在台上的屋子
水心榭意为建筑在水中
高台上的房屋榭下有水
闸八孔俗称八孔闸榭四
围碧波荡漾溪风景如画

乾隆三十六景第八景

水心榭

■ 承德避暑山庄水
心榭石刻

水榭 是指供人休
息、观赏风景的
临水园林建筑。
我国园林中水榭
的典型形式是在
水边架起平台,
平台一部分架在
岸上,一部分伸
入水中。平台跨
水部分以梁、柱
凌空架设于水面
之上。平台临水
围绕低平的栏
杆,或设鹅颈靠
椅供坐憩凭依。

清音阁与北京故宫的畅音阁、圆明园清音阁、颐
和园大戏楼略同。皇帝每驻避暑山庄,遇重大庆典和
节日便在这里演戏,有时连演十余天不止。

勤政殿位于福寿阁北,面阔五楹,进深两间,殿
内面南悬"正大光明"匾,面北悬"高明博厚"匾,
是皇帝接见群臣、发布政令的地方,殿前有东、西配
殿各三楹。

卷阿胜境位于勤政殿北,滨湖,面阔五楹,北有
抱厦三间,是湖区游览线的一个起始点,皇帝常在此
赏赐大臣、王公茶点,陪太后进膳。乾隆晚年喜得玄
孙后,继北京紫禁城题五福五代堂之后,他又在此殿
御题了"五福五代堂"匾额。

水心榭在避暑山庄东宫之北,是宫殿区与湖区的
重要通道。建于清康熙四十八年,御笔题额。1754
年,被列为"乾隆三十六景"第八景。

水心榭建于下湖和银湖之间，跨水为桥，上列亭榭三座，南北为重檐四角攒尖顶式方亭，中为进深三间重檐水榭。

榭在水中，两旁空间广阔，碧波荡漾，四望皆成画景，确有"飞角高骞，虚檐洞朗，上下天光，影落空际"的诗意。

惠迪吉门位于流杯亭门的东北处，俗称东北门。因此门紧邻山庄内"澄观斋"中的"惠迪吉"景，乾隆皇帝便依此定名"惠迪吉门"，意为顺应天意，吉祥如意。此门为"徕远门"，是外臣和外国使节来山庄时的进出门。

碧峰门位于坦坦荡荡门西北，其形制与丽正门相仿，只是建在西部山区，宫墙亦延山而上。乾隆皇帝为此门题额"碧峰门"，意为峰峦叠翠如同碧玉，形象地点出了此处的景色。

万树园位于山庄平原区东北部。园中立有石碣，上刻有"万树园"，为乾隆所书，是"乾隆三十六景"中的第二十景。

万树园北倚山麓，南临澄湖，地势平坦开阔。地上绿茵如毯，麋鹿成群，山鸡野兔出没。南部有乾隆手书《绿毯八韵》诗碑一座。

园内不施土木，设蒙古包，乾隆皇帝曾多次在这里会见、宴请少数民族王公贵族及政教首领，并多次会见、赐宴许多外国使节。

阅读链接

避暑山庄的丽正门，作为清代夏宫的正门，与清廷紫禁城的丽正门规模及作用一致，都是封建王朝的威仪所在。

据记载，"丽正"二字出于《易经·离卦》"日月丽乎天，百谷草木丽乎土，重明以丽乎正，乃化成天下"之句。

意思说：帝王只有像日月附着天，百谷草木附着地那样而附着正道，才能教化统治天下。这既是乾隆皇帝的自勉，也是他在向天下昭示其贤明之德。

"丽正门"在满文、蒙古文和藏文意为"光明的正门"，意为"中间很亮的门"，维吾尔文意为"华丽光辉的大门"。

乾隆敕建普宁和普佑等寺

清朝初年，藏传佛教在我国蒙、藏地区，包括青海、新疆等地，势力强大，教徒信仰虔诚，佛经教义是蒙、藏人民的精神支柱。

藏传佛教上层人物在政治上有效地控制着地方政权，经济上汇聚着大量财富，文化上掌握着经堂教院。为加强对边疆的统治，巩固国

■承德普佑寺

■ 承德避暑山庄内
皇帝客厅

家统一，清政权对边疆各少数民族实行"因其教不易
其俗""以习俗为治"的"怀柔"政策。

　　避暑山庄自康熙皇帝驻跸使用以后，雍正皇
帝、乾隆皇帝几乎每年秋狝前后都要在此长期停
住，消夏避暑，处理军政要务。由此而来的大批蒙
藏等少数民族首领和外国使臣每年都要到承德谒见
皇帝，参加庆典。

　　籍此，清廷便在承德大兴土木，建造寺庙，为前
来的上层政教人物提供瞻礼、膜拜等佛事活动场所，
功能上同避暑山庄相辅相成，互为补遗。

　　清时，在承德及滦河一带敕建寺庙43座。其中
由朝廷直接管理的有30座。避暑山庄内有16座。包
括珠源寺、梅檀林、汇万总春之庙、水月奄、碧峰
寺、鹫云寺、斗姥阁、广元宫、永佑寺、同福寺、

膜拜 古代的拜
礼。行礼时，两
手放在额上，长
时间下跪叩头。
原专指礼拜神佛
时的一种敬礼，
后泛指表示极端
恭敬或畏服的行
礼方式。今人多
用"顶礼膜拜"
形容对某人崇拜
得五体投地。

仙苑昭灵，即山神庙、法林寺、灵泽龙王法、西峪龙王庙、涌翠岩、上帝阁。

在山庄西部两座有穹览寺和琳霄观。山庄东北部有12座为溥仁寺、溥善寺、普宁寺、普佑寺、安远庙、普乐寺、普陀宗乘之庙、广安寺、殊像寺、罗汉堂、须弥福寿之庙和广缘寺。

其中，罗汉堂、广安寺和普乐寺三个庙，由内务府管理；而溥仁寺、溥善寺、普宁寺、普佑寺、安远庙、广缘寺、须弥福寿之庙、普陀宗乘之庙和殊像寺九座庙设八个管理机构，而普佑寺附属于普宁寺由朝廷派驻僧人，京师理藩院管理并逐月按人数由理藩院发放饷银，清正史文献将这九座寺庙称"外庙"，后俗称"外八庙"。

普宁寺位于避暑山庄北部武烈河畔，建成于1759年，是一座典型的汉藏合璧式的寺庙。整座寺院雄伟壮观，占地33000平方米，是山庄外八庙中最为完整、壮观的寺庙建筑群，也是我国北方最大的佛事活动场所，僧侣云集、香火旺盛。

史料记载，清朝廷在安定厄鲁特蒙古准噶尔部后，乾隆皇帝在避暑

山庄为厄鲁特上层贵族封爵，效仿西藏桑鸢寺建制修建此寺，并且希望边疆人民"安其居，乐其业，永久普宁"，所以此寺名为"普宁寺"。

普宁寺主体建筑大雄宝殿为双层歇山式，称为"九脊十龙"殿，内供三世佛与十八罗汉像，壁画环绕。前后两座主体建筑均建在1.4米高的石砌须弥台基之上，殿前的月台有雕刻精美的石栏杆环绕，台阶中央辅有石雕艺术精品"云龙石陛"，四角装饰有螭首。寺庙中的"金龙和玺"与"六字真言和玺"彩画在古建彩绘中更别具一格。

普宁寺寺院前半部由山门、幢竿、钟鼓楼、碑亭、天王殿和大雄宝殿等组成，为传统的汉族寺庙建筑形式。寺院坐北朝南，山门面阔五间，单檐歇山式琉璃瓦顶，内有哼哈二将塑像分列两边。

山门东为钟楼，西为鼓楼，中间为碑亭。碑的四

帝王宫苑

避暑山庄

■ 承德普宁寺全景

玉宇琼楼

分布全国的古建筑群

布袋和尚 名契此，唐末至五代时明州奉化僧人，号长汀子。据说他身材矮胖、满脸欢喜，平日以杖肩荷布袋云游四方，以禅机点化世人。他乐善好施、身怀绝技、除暴安良、让众生离苦得乐。因他在圆寂前说了"弥勒真弥勒，分身千百亿，时时示时人，时人自不识。"时人认为其为弥勒的化身。相传在我国多数佛教寺院里所供奉的大肚弥勒，即为他的造像。

■ 承德普宁寺山门

面分别用满、汉、蒙、藏四种文字镌刻着乾隆皇帝亲自撰写的碑文。满族石碑在中间，蒙藏在其左前方和右前方，汉族在后。

蒙藏象征着左膀右臂，是满族的羽翼，翅膀。而汉族，则是其坚强的后盾。碑文中记述了清政府平息叛乱、统一天山南北的经过，是非常珍贵的历史文物资料。

碑亭后面是天王殿，面阔五间，进深三间，单檐歇山顶，殿内正中端坐布袋和尚，俗称大肚弥勒佛，形象慈祥憨厚，笑容可掬。

两侧为护世四大天王塑像。天王殿后是大雄宝殿，面阔七间，进深五间，重檐歇山顶，上覆黄顶绿边的琉璃瓦。顶部大脊置一铜制鎏金佛塔。

普宁寺殿内正中供三世佛，两侧则为十八罗汉塑像，殿内墙上绘有彩色佛教故事壁画，工笔细腻，

形象逼真。东西配殿面阔五间，进深三间，单檐歇山顶。殿内原有500罗汉塑像，现仅存200余尊。

■ 普宁寺大乘之阁

普宁寺寺院的后部，以大乘之阁为中心，四角有四座不同颜色的佛塔。这些建筑依山就势，布局巧妙灵活，体现了藏传佛教的宇宙观，具有浓厚的佛教色彩，是一组藏式风格寺庙建筑。

大乘之阁通高36.75米，外观正面六层重檐。阁内置用松、榆、杉、椴等坚硬的防腐木材雕刻而成的千手千眼观音菩萨立像。

这尊金漆木雕佛像通高27.21米。其中须弥底座高为1.22米。须弥底座上的莲花座至无量光佛顶部高度为22.29米，底下3.7米。

大佛腰围15米，重量为110吨，仅头部重就达5.4吨，这尊木雕佛像高大雄伟，比例匀称，雕工精细，

莲花座 据传，释迦牟尼和观世音菩萨颇爱莲花，用莲花为座，自此所有寺院里的佛像都是以莲花为宝座，称之为莲花座。莲瓣座分为四层，莲瓣除每瓣边缘处，绘制白、红、白三条曲线勾边。每个莲瓣的外表还绘制图案，有的莲座在仰莲处不绘制花朵，而只渲饰色彩，勾边图案。

是普宁寺的主尊佛像及殿中精华，更是世界上最大的木雕像。故普宁寺又称"大佛寺"。

大佛的内部结构很复杂，大佛全部为木结构，腰部至莲花座用15根木柱来支撑大佛上部。正中使用一根柏木中心柱，四根戗柱，十根边柱。

中心柱直达大佛顶部。其他14根戗、边柱直达大佛腰部。中心柱位于大佛正中高22米。由两节柱墩连接而成，是整个大佛的骨架。骨架外围围以木板雕刻衣纹。整尊佛像是由松、柏、杉、榆、椴等五种木材125立方米拼制而成后，分三层雕刻成型的。

大佛佛像比例匀称，纹饰细腻，而且恰如其分地传出佛的表情神采，宝相庄严，这在我国大型的佛像雕塑艺术上是十分罕见的。

大佛共有42只手臂，除去合掌的双手外，其余40只手都持有法器。42只手都具有各自名称和用途，如第一只手名为施无畏手，作用是除一切众生怖畏。

普宁寺体现了我国古建筑艺术表现能量，其宏伟壮观风格独特，

■承德普宁寺大殿

又反映出佛家的宗教感染力，是其他艺术无法代替的。

普宁寺内佛像

普宁寺在古代文明史的宗教文化中，其建筑艺术与雕塑艺术，几乎在国内外起同样举足轻重的作用，铺垫着人类文明的艺术之路。

在佛教文化领域中可称"华严三圣"汇聚；佛法僧三宝高僧传承，佛祖故事连壁，菩萨罗汉跻身殿堂。普宁寺不愧为佛教的宫殿，文化之旅的圣地。

普佑寺位于避暑山庄内，始建于1760年。清廷在建普佑寺之前，避暑山庄已有三座皇家寺庙，而且常驻有大量僧人。

为通过宗教渠道加强内地与蒙藏地区的联系，提高僧人文化素质，清代朝廷在普宁寺东面建立了僧人诵经的札仓，作为承德外八庙僧人的"经学院"，俗称"普佑寺"。

在乾隆时期，普佑寺由普宁寺住持代管，宗教生活附属于普宁寺。普佑寺设"四学"，开讲显宗经学、密宗经学、历算学和医药学四大部分。

这里不但培养外八庙的僧人，蒙古各部的僧人也选送到这里学经。学经费用全部由朝廷提供。当时，这里不仅是僧人云集研习佛教经典、理论的经学院，也是进行宗教活动的重要场所。

普佑寺占地面积9000平方米，坐北面南，布局呈长方形。平面布局打破了传统的"伽蓝七堂"的汉式手法，天王殿居中，前建佛堂，

庑殿顶 即庑殿式屋顶，由于屋顶有四面斜坡，又略微向内凹陷形成弧度，故又常称为"四阿顶"，宋朝称"庑殿"，清朝称"庑殿"或"五脊殿"，是我国各屋顶样式中等级最高的，高于歇山式。明清时只有皇家和孔子殿堂才可以使用，之后常用于各类别建筑。

后又增添了凹形经楼，使其前后形成二层院落，布局十分严谨。

殿内供奉的佛像，也与其他寺庙不同，有汉式的，也有藏式的，是外八庙中别具一格的庙宇。

普佑寺寺庙的建筑式样以汉族为主，但布局独特。普佑寺与普宁寺围培相连，东西59.3米，南北116米，占地面积0.68公顷。

山门与普宁寺山门平行，面宽五楹，进深三间，两侧设腰门。山门正北是大方广殿，面阔七楹，进深五间，单檐庑殿顶。

大方广殿前檐上联：

妙相现庄严仁敷华梵；

慧因资福德喜洽人天。

■ 普宁寺内转经筒

殿内题额"大千功德"。前檐下联：

法演大乘妙因宗海藏；
福覃诸界慈愿溥恒沙。

殿前东西为配殿，各三楹，组成一进院落。院落前为天王殿，面阔三楹，进深一间，单檐歇山顶，二进院落前为天王殿，面阔三楹，进深一间，单檐歇山顶，两侧设腰墙、腰门。

天王殿北为法轮殿，为寺内藏经楼。面阔、进深各七间，周设廊，方形重檐攒尖顶，黄琉璃瓦覆顶。下有须弥座台基，北各出三阶，东西各出一阶，三排列柱沿方台环布，老檐柱间装菱花隔扇。南北正中三间、东西正中一间设门，其他各间设槛窗。上檐施七踩单翘单昂斗拱，向内收进两步架；下檐施五踩单翘单昂斗拱。

殿内施井口天花，四角用抹角梁，形成八角井口，中心起方形藻井。殿内供释迦牟尼鎏金铜佛。殿前有东西配殿各五楹。

法轮殿后为"n"形经楼，两层，面阔十三楹，硬山屋顶，前檐出廊，由廊庑与东西配殿相连，二层柱间设围栏，檐部额枋以雀替支撑，腰檐挂滴珠板。

■ 普宁寺后殿

攒尖顶 即攒尖式屋顶，宋朝时称"撮尖""斗尖"，清朝时称"攒尖"，是我国建筑的一种屋顶样式。其特点是屋顶为锥形，没有正脊，顶部集中于一点，即宝顶，该顶常用于亭、榭、阁和塔等建筑。攒尖顶有单檐、重檐之分。

■ 承德普乐寺山门

玉宇琼楼
分布全国的古建筑群

琉璃瓦 据文献记载，琉璃一词产生于古印度语，随着佛教文化而东传，其原来的代表色实际上指蓝色。我国古代宝石中有一种琉璃属于七宝之一。现在除蓝色外，琉璃也包括红、黑、黄、绀蓝等色。施以各种颜色釉并在较高温度下烧成的上釉砖瓦因此被称为琉璃瓦。

下层柱间倒挂楣子，两端装饰花牙。原来殿内有造型各异的罗汉像500尊，后来仅存170尊。

安远庙位于武烈河东的山冈上，分三层墙垣。它建于1764年，其建筑形式是仿新疆伊犁河畔的"固尔扎庙"，又称"伊犁庙"。

相传1757年，达什达瓦部历尽千辛万苦，举部投归清政府。乾隆皇帝为了安抚达什达瓦部落，将他们迁徙到承德定居，并在驻地山冈上建"安远庙"，寓意安定远方，团结边疆各民族，巩固北部边防，维护国家统一。

安远庙占地2.6万平方米，其建筑布局整齐对称，中轴线分明，以山门、碑亭、普渡殿和后山门为主体建筑。山门以内中轴线上还有三层门。

第一层门为棂星门，有腰墙横隔，两侧各有五间配房；第二三层门用砖石构成三个拱形门洞，檐歇山顶；第三层门周围以单层群房围绕，共64间，群房正中是安远庙的主殿普渡殿。

殿前有一通卧碑，正面刻写乾隆皇帝《安远庙瞻礼书事》碑文，两侧刻乾隆皇帝的诗，叙述安远庙建立的历史背景和经过。

普渡殿是该庙主殿，重檐歇山顶，用黑色琉璃瓦覆盖。内部是一座三层楼房。第一层正中，一尊木雕坐像，名为绿渡母，四周壁画，精工艳丽，丰富多彩，人物传神，描绘佛教故事。

二层楼上，原供释迦牟尼、迦叶和弥勒三尊佛像。第三层楼上，有一尊9头、34臂、16只脚的护法神像，名为大威德金刚。

安远庙具有明显的蒙古建筑风格。其布局平坦、宽敞、开阔。中轴线分明，规整对称，主体建筑是藏族寺庙的"都纲"法式，又糅合了汉族寺庙的某些艺

木雕 是雕塑的一种，在我国常被称为"民间工艺"。雕刻用木材一般以不过硬为好，在传统建筑上用于垂花门、外檐、门窗、额枋、隔扇、屏风等。木雕艺术起源于新石器时期中国，在距今七千多年前的浙江余姚河姆渡文化，就已出现了木雕鱼。秦汉时期，木雕工艺趋于成熟，绘画、雕刻技术精致完美。

帝王宫苑

避暑山庄

■ 承德普乐寺宗印殿

■ 普乐寺旭光阁

术手法，在承德外八庙中独具一格。

普乐寺始建于1766年，全寺建筑为汉藏结合式，西部依照汉族寺庙样式由山门、天王殿、钟鼓楼、配殿和正殿组成。

东部为藏式城台建筑，主体建筑为旭光阁，重檐圆顶，类似北京天坛祈年殿，阁内顶部置圆形藻井，龙凤图案，龙凤藻井中心雕金龙戏珠。藻井采用层层收缩的三层重翘重昂九踩斗拱手法，雕工精细，金光闪闪，具有极高的艺术价值。

普乐寺主体建筑旭光阁，重檐圆顶，位于武烈河东、磐锤峰西的山冈上，占地面积2.4万平方米。普乐寺建筑布局分为两部分。前半部分为典型的汉族寺庙形式，由山门、钟、鼓楼、天王殿、宗印殿、慧力胜因两配殿组成。

天王殿面阔五间，殿脊用卷草琉璃瓦，中置三座

斗拱 亦作"斗栱"，我国建筑特有的一种结构。在立柱和横梁交接处，从柱顶上的一层层探出成弓形的承重结构叫拱，拱与拱之间垫的方形木块叫斗。两者合称斗拱。也作枓拱、枓栱。由斗、拱、翘、昂、升组成。斗拱是我国建筑学会的会徽。

琉璃佛塔。殿内供四大天王、弥勒和韦陀像。

宗印殿面阔七间，屋脊装饰色彩缤纷的琉璃件，以数条绿琉璃云龙贯空，当中置琉璃塔，塔两侧镶嵌吉祥八宝浮雕。宗印殿正中供三方佛，即东为药师琉璃佛，中为释迦牟尼佛，西为阿弥陀佛。

三佛背光上大鹏金翅鸟浮雕；两侧供有八大菩萨像，右是文殊、金刚手、观世音、地藏王；左是普贤、弥勒、虚空茂、除垢障。宗印殿两侧左方是慧力殿，右边是胜因殿，两殿内供金刚佛。

后半部为藏式的阁城建筑。阁城或称经坛、坛城，共三层，一二层为高大的正方形石台，第二层台四角和每边中点置琉璃佛塔塔座，第三层石台上便是中心建筑旭光阁。

旭光阁和阁城是藏传佛教"曼陀罗"的变体，其基本布局是十字对称，方圆相间，八座佛塔象征着曼陀罗的八柱，和旭光阁共同构成"九山"。

旭光阁内，中央圆形的石造须弥座上旋转着国内最大的木制曼陀罗，它以37块木头做成，代表着释迦37种学问。内供胜乐王佛双身铜像，俗称"欢喜佛"或"欢乐佛"，是观世音菩萨的变体。

阅读链接

在普宁寺大乘之阁内供奉着一尊1.52米高的无量光佛像"大慈大悲千手千眼观世音菩萨"，她除去正中合十的双手外，其余40只手，每只手手心各有一只眼睛。

关于千手千眼"之名，据说缘于佛教的千手千眼佛的造像，共有两种形式，一种是实具千手千眼；另一种就是这种40只手眼的形象。

按照佛教的说法，40只手和眼睛各配以"二十五有"，就是佛教中的25种因果报应。25乘以40，便是千手千眼了。它的含义是观世音菩萨的手多、眼多、智慧多、有求必应。

乾隆寿辰建普陀宗乘之庙

  1771年，是乾隆皇帝60寿辰和皇太后80寿辰之年，早在三年前，西藏、青海、新疆和蒙古等地各族王公首领，都纷纷奏请赴承德避暑山庄祝寿，出现了前所未有的全国民族大团结的局面。

  当时，边疆各少数民族大都尊崇藏传佛教。西藏拉萨布达拉宫是

■ 承德普陀宗乘之庙

藏传佛教的一个中心，而且藏传佛教宣称它为观世音菩萨的道场。

为了尊重各族信仰，团结各族人民，传说乾隆皇帝认为，观世音菩萨发祥于印度，然后先到西藏为本土，所以乾隆帝下圣旨在承建观音道场，就是"外八庙"中规模最大的一座庙宇普陀宗乘之庙。

因其仿西藏拉萨布达拉宫而建，而且"普陀宗乘"是藏语"布达拉宫"的意译，所以普陀宗乘之庙俗称"小布达拉宫"。

普陀宗乘之庙位于避暑山庄北部，建成于1771年，主体建筑位于山巅，大小建筑约60余座，殿堂楼宇，星罗棋布，依山面水，巧妙利用地势和景物衬托，布局灵活，又不失庄严肃穆。

普陀宗乘之庙是在汉族传统建筑的基础上融合藏族建筑特点建造的，它是汉藏建筑艺术交融的典范。

普陀宗乘之庙全寺平面布局分前、后两部分：前

圣旨 是我国古代皇帝下的命令或发表的言论。圣旨是我国古代帝王权力的展示和象征，圣旨两端则有翻飞的银色巨龙作为标志。圣作为历代帝王下达的文书命令及封赠有功官员或赐给爵位名号颁发的诰命或敕命，圣旨颜色越丰富，说明接受封赠的官员官衔越高。

■ 承德普陀宗乘之
庙的山门

盲窗 藏式建筑
中，为了避免体
积庞大，外表单
调的特点，常开
许多假窗来增加
变化。普陀宗乘
之庙的大红台就
有大量的盲窗，
它们有的只为点
缀，有的具有通
风透光功能，真
真假假，变化无
穷。寺庙里的盲
窗，据说是怕房
子有了窗户，会
分小和尚心，
所以在建寺庙
时，画了很多的
窗户，看着有窗
户，其实是不起
作用的。

部位于山坡，由白台、山门和碑亭等建筑组成；后部
位于山巅，布置大红台和房堡。

按总的特征来分，普陀宗乘之庙分三部分：第一
部分由山门、碑亭、五塔门、琉璃牌坊和罡子殿组
成；第二部分是白台群，由若干大小白台组成；第三
部分为大红台及其他建筑群组成。

普陀宗乘之庙的山门为南向，由藏式城台及汉式
庑殿组成。城台为砖石结构，前开三孔拱门，拱门上
列一横排盲窗，上砌雉碟。

城台上起庑殿，前后设廊，廊内置槛窗，两侧封
实壁，面阔五楹，进深两间，单檐琉璃瓦顶，边沿施
绿琉璃瓦，中供护法神，从左至右依次为四面护法
神，章古鲁蓬护法神，大黑天玛哈夏拉护法神。

山门前置石狮一对，再南为五孔石桥，山门两侧
设腰门，有围墙相连。山门北为碑亭，平面方形三开

间，重檐黄琉璃歇山顶，砖拱结构，封实壁，四面开拱门，下承须弥台基。

亭内立石碑三通：中为《普陀宗乘之庙碑记》，记述建庙背景及经过；东为《土尔扈特全部归顺记》，西为《优恤土尔扈特部众记》，记述厄鲁特蒙古土尔扈特部回归祖国过程及清政府抚恤该部的情况。碑文用满汉蒙藏四种文字镌刻。

碑亭以北为五塔门，三拱门白台形制，实壁盲窗，上砌女儿墙，白台上立五塔，从东往西分别为黑、白、黄、绿和红五色，每色代表一个体教教派。

清代尊黄教为国教，故黄色居中。五塔门前置石象一对，为大乘派象征。五塔门中楼前额"普门应现"，意观音显现普度众生之门。后额"莲界庄严"，意为观音道场。

五塔门以北，为一座三间四柱七楼形制的汉式琉

女儿墙 也叫"女墙"，古时叫"女儿墙"。其包涵着窥视之意，是仿照女子"睥睨"之形态，在城墙上筑起的墙垛。特指房屋外墙高出屋面的矮墙。主要作用除维护安全外，也会在低处施作防水压砖收头，以避免防水层渗水，或是屋顶雨水漫流。

■ 承德普陀宗乘之庙的五塔门

璃牌坊，牌坊前面正中石匾额上刻有乾隆皇帝御笔"普门应现"四字，意思是观音菩萨显现普度众生之门。牌坊后面题为"莲界庄严"，意思是观音菩萨居住的道场威严神圣。

琉璃牌坊前为月台，正南和东西三面设台阶，在正南石阶两侧立有一对石狮。石狮显示皇权至高无上。普陀宗乘之庙既有石狮又有石象，因为大象寓意佛教，所以寺庙体现出西藏"政教合一"的特色。

琉璃牌坊北为罡子殿，四面砌藏式雕房高墙，墙面设三层盲窗，东、南为一层僧房，西砌蹬道，北面僧房顶起庑殿，单檐绿琉璃瓦顶，面宽五楹，进深两间。内供吉祥天母、四面护法神、大梵天。

罡子殿东为东殿，亦称东罡子殿两层。此殿原为僧房，后供五尊密宗无上瑜伽密乐空双运双身修法像欢喜佛。东侧从北至南依次是金刚佛母、大威德金刚、密聚金刚、胜乐王金刚、恶度金刚。

雕房 又称"雕楼"。平面呈方形，上窄下宽，顶平，多倚山建造，以石砌墙，墙面平直整齐。一般分三层，层与层之间用木梯上下。平顶作晒场和休息之所，围绕四周的矮墙角上供有白石。上层堆放粮食及杂物，中层住人，下层关牲畜。雕房与雕房之间的平顶上搭木板，便于各家来往。

■ 普陀宗乘之庙内的汉式琉璃牌坊

■ 普陀宗乘之庙的
佛塔

　　罡子殿西北一套院为西殿，亦称西罡子殿，是经堂，正南辟门，北房两层，硬山灰瓦顶。内供主尊吉祥天母，原在权衡三界殿供奉，后移此殿。

　　普陀宗乘之庙第二部分，是大红台南散置的白台群，分殿台、楼台、敞台和实台，形状不一，体量不等，功能各异。层高一至四层中，二三层者居多，大都白灰抹面，青砖镶边红色盲窗，琉璃砌顶，上檐挑出淌水长瓦。

　　白台为藏式平顶碉房形制，建筑用汉族砖混结构法式。有的两座白台组合成一处院落作僧房；有的台上建汉式殿堂，作佛堂和钟楼使用；有的台顶置舍利塔；有的白台砌成实心，只起障景增景及点缀作用。

　　白台群总体效果表现了西藏布达拉宫前山脚下梵字的特征。南部宫墙两头分置角楼，实墙白台砌盲窗，顶部起雉堞。宫墙两侧白台中间辟门，上起庑

佛堂　指佛所住的堂殿，也是指供奉佛像的堂殿、堂屋。一般情况下，供奉在家的佛堂，供桌正中依墙供奉观世音菩萨，前置香炉、烛台、果盘、供盘等；菩萨供像两侧斜前方设置花瓶等物品；供桌正前方设拜椅或拜垫。

■ 普陀宗乘之庙内
的大白台

琉璃 亦作"瑠璃",是指用各种颜色的人造水晶为原料,采用古代的青铜脱蜡铸造法高温脱蜡而成的水晶作品。其色彩流云满彩、精美绝伦;其品质晶莹剔透、光彩夺目。琉璃是佛教"七宝"之一、"中国五大名器"之首。我国琉璃生产历史悠久,最早的文字记载可以追溯到唐代。

殿,对称配置,供僧人进出使用。

普陀宗乘之庙的核心建筑群,由大红台、大白台、御座楼、千佛阁、圆形白台、文殊胜境等建筑组成,气势磅礴,极为壮观。其中有四座为白台建筑,分别是大白台、御座楼、圆形白台和文殊圣境。

普陀宗乘之庙寺院主体建筑居高临下控制全局。佛殿的体量尤其高大无比,层数多至五、六层,外墙为封闭的碉堡式,墙上开梯形小窗。

大白台是大红台的基座,外观三层,高18米,台壁上饰红色梯形盲窗。大白台两侧均有石阶登上基座顶部。大白台以花岗岩条石砌筑,上部以砖砌筑、涂以白灰,在台壁上饰三层梯形盲窗,窗框以青砖窗面涂红色,色彩明快。

大白台顶部,即是大红台前,是一个广阔的平台,平台上并排设立四根高大的嘛呢杆,杆的石座为原物，大红台前放置六口铜水缸，用于防火和贮水。

大红台、大白台和御座楼的女儿墙顶部，均装饰有琉璃吉祥八宝，分别为吉祥结、宝瓶、莲花、金轮、胜利幢、宝伞、白海螺、金鱼，原物所剩无几，大多为后来复制。

红台上端的女儿墙以黄琉璃装潢，檐石下伸出壁外近一米的铜水流，使大红台的外观坚固有力。在红台南面正中自上而下嵌饰六个琉璃佛龛，龛内供无量寿佛，黄绿相向，突出了大红台的中轴线，寓意是为乾隆60岁寿辰祝贺。

大红台下有巨大的白台基座，大红台内部由三组不同类型建筑组合而成，一是三层四面的群楼，平面呈回字形；二是位于中心的主体建筑万法归一殿；三是建在群楼顶部的四座亭殿。

大红台顶正南是两座琉璃瓦覆顶的佛塔方亭，分

佛龛 供奉佛像、神位等的小阁子，一般为木制。龛原指掘凿岩崖为空，以安置佛像之所。现今各大佛教遗迹中，如印度之阿旃塔，爱罗拉，我国云冈、龙门等石窟，四壁皆穿凿众佛菩萨之龛室。后世转为以石或木，做成橱子形，并设门扉，供奉佛像，称为佛龛；此外，亦有奉置开山祖师像。

■ 普陀宗乘之庙内的大红台

■ 普陀宗乘之庙内的大红台回字形建筑

石碑 把功绩勒于石土，以传后世的一种石刻。一般以文字为其主要部分，上有螭首，下有龟趺。大约在周代，碑便在宫廷和宗庙中出现，但此时的碑与后来的碑功能不同。此时宫廷中的碑是用来根据它在阳光中投下的影子位置变化推算时间的；宗庙中的碑则是作为拴系祭祀用的牲畜的石柱子。

别立在万法归一殿金顶两侧，严格对称。

东北为歇山顶的风雨亭，东端为洛伽圣境殿。洛伽圣境殿坐北朝南，面阔五间，进深两间，单檐歇山建筑。绿琉璃瓦顶，檐下悬挂"洛伽圣境"匾，砖石墙壁涂白灰，面南门额上为乾隆御笔"千佛阁"匾。

院内四周围廊。院正中立《千佛阁碑记》石碑一通。当年为乾隆皇帝祝贺60岁寿辰时，在此庙举行盛大的祈福法会，蒙古48家王公贵族进奉千尊铜鎏金无量寿佛，建此阁供奉，故名"千佛阁"。

西北端的慈航普度殿是一座铜鎏金鱼鳞瓦覆顶的重檐六角亭，它坐北朝南，位于大红台群楼平台西北端最高处。

亭上层檐下悬有乾隆皇帝御笔亲题的"慈航普度"匾。意为佛慈愿如船，普度众生脱离苦海。下层檐匾为"普胜三界"，意为大乘佛教是普度三界众生之妙法。亭内供奉香胎观世音菩萨。佛像后面屏风上有乾隆御笔"示大自在"匾，意思是佛、菩萨以圆满之功德示现众生。两侧对联为：

水镜喻西来妙观如是；
月轮悟南指合相云何。

七座位于不同高度的亭殿以群楼连成一体，上覆鎏金铜瓦，璀璨夺目，丰富了整组建筑的立体轮廓。

普陀宗乘之庙大红台群楼通高三层，北群楼通高三层，西北角为四层楼，平面成正方形，40间群楼环成回字形，一层可按西南东北四个方向观看。

北侧群楼题额为"极乐世界"，意为阿弥陀佛所居之圣地。楼内原供铜三世佛、无量寿佛、十八罗汉、释迦牟尼、八大菩萨、药师佛等。

屏风 古时建筑物内部用来挡风用的一种家具，所谓"屏其风也"。屏风作为传统家具的重要组成部分，历史由来已久。屏风一般陈设于室内的显著位置，起到分隔、美化、挡风、协调等作用。它与古典家具相互辉映，相得益彰，浑然一体，成为家居装饰中不可分割的整体，而呈现出一种和谐之美、宁静之美。

■ 大红台顶的慈航普度殿

■ 高大的大红台

云纹 是我国古代青铜器上一种典型的纹饰。云纹的基本特征是以连续的"回"字形线条所构成，作为圆形的连续构图，单称为"云纹"，与雷纹常作为青铜器上纹饰的地纹，用以烘托主题纹饰。也有单独出现在器物颈部或足部的。

西群楼是乾隆皇帝题额为"大乘妙峰"，意思是佛居圣地。通高三层，楼内原藏经柜，供各种法器和画像等。

南群楼是乾隆御笔题名为"秘密胜境"，意为这里是传授密法的道场。面阔15间进深两间。一层楼内正中五间供有藏传佛教黄教五世祖，即：宗喀巴、贾曹杰、克主杰、根敦朱巴和噶桑嘉措。

东西次间各有一座八方紫檀木塔，通高19米，九级木塔坐落在石须弥座上，通过两三层空井直达群楼平台之上。

紫檀木塔内供奉鎏金铜无量寿佛2160尊，堪称奇观。西稍间内供两尊菩萨像，左一尊是文殊菩萨，右一尊是金刚手菩萨。东稍间供三尊菩萨像。

东群楼通高三层，乾隆皇帝题名"庋经之阁"，意为收藏经文之处。楼内原藏有藏经108套，满文般若经18套。后来在一层内供奉的是五尊菩萨像，与南群楼一层东稍间的三尊菩萨像合为八大菩萨像。

这里供奉的菩萨都是坐像，芝麻面，长而弯的翠眉，凤目微张，樱桃小口，垂髯髻，多出来的长发垂在肩上，戴宝冠。上身斜披天衣，肤色润泽，莹洁，白皙，戴顶饰，璎珞臂钏。腰束贴体羊肠锦裙或罗裙，两足丰圆。无论面部和姿态，都塑造得娇好生动，俨然是八位温柔的少女。

万法归一殿坐落在群楼正中的条石须弥座上，面宽、进深均为七间，平面正方形，南北正中三间，东西正中一间，周围有回廊，单翘单昂斗拱，重檐四角攒尖顶。

上层收为五间，横窗上枋为金龙和玺彩画，檐下为单翘重昂斗拱，正中悬挂乾隆御书"万法归一"云龙陡匾，用汉满蒙藏四种文体书写。

整个殿顶全部采用鎏金鱼鳞瓦覆盖，宝顶为藏式法铃状，殿脊饰以云纹，四角飞檐高挑，装饰豪华。

殿内四壁梁柱、壁板是以藏传佛教为题材的重笔

和玺彩画 又称宫殿建筑彩画，这种建筑彩画在清代是一种最高等级的彩画，大多画在宫殿建筑上或与皇家有关的建筑之上。和玺彩画根据建筑的规模、等级与使用功能的需要，分为金龙和玺、金凤和玺、龙凤和玺、龙草和玺和苏画和玺五种。

■ 大红台顶的慈航普度殿

玉宇琼楼

分布全国的古建筑群

唐卡 也叫唐嘎、唐喀，指用彩缎装裱后悬挂供奉的宗教卷轴画。唐卡是藏族文化中一种独具特色的绘画艺术形式，题材内容涉及藏族的历史、政治、文化和社会生活等诸多领域，堪称藏民族的百科全书。

■ 普陀宗乘之庙万法归一殿

彩绘图案。殿正中12根金柱上悬有12幅唐卡，上绘有佛、菩萨形象。

迎门的是铜胎画珐琅菩提塔，也叫成道塔。塔有12个角。两侧圆底的珐琅塔是胜利塔，表示长寿。北面两个是紫檀嵌铜鎏金万寿塔，塔身上布满用各种不同字体刻写的"寿"字。殿内正中紫檀莲花亭式佛龛内供一尊释迦牟尼佛。

佛龛后为木制地坪，地坪上安置宝座床，此床系乾隆皇帝特为西藏政教领袖达赖设置的。

1771年，普陀宗乘之庙落成时，八世达赖强白嘉措年仅13岁，尚未坐床，不能前来朝觐。因此，设此床虚位以待，以示乾隆皇帝尊崇藏传佛教的诚意。

宝座前的香几上陈列着坛城、铃、杵、简等。宝座后为屏风，屏风上原挂有一幅乾隆为其母祝寿而精工刺绣的无量寿佛挂像，上面绣有无量寿佛、菩萨、罗汉和天王，堪称稀世珍宝。屏风正中悬有乾隆御笔

■ 普陀宗乘之庙主建
筑群

"万缘普应"横匾，意思是随众生因缘，所求之事普遍应允。下面有乾隆御笔对联：

总持初地法轮资福胜因延上塞；
广演恒沙笼乘能仁宏愿洽群藩。

当年乾隆在这里，接待了土尔扈特渥巴锡一行，由章嘉国师和漠北大活佛扎雅和班弟讲经，举行盛大法会。

大红台东侧的白台群楼为御座楼，外观四层，下两层为实心台座，御座楼比大红台向后凹入四间，南面东端饰三层琉璃龛窗，西端上饰两层琉璃龛窗，下开一道拱门。

御座楼内两层群楼围成天井，南面出三间抱厦为戏台。御座楼原仅存外壁，内部群楼后来恢复。这里原是皇帝来普陀宗乘之庙瞻礼时休息的场所，群楼中

珐琅 又称景泰蓝，珐琅一词源于我国隋唐时古西域地名拂菻。当时东罗马帝国和西亚地中海沿岸诸地制造的搪瓷嵌釉工艺品称拂菻嵌或佛郎嵌，简化为拂菻。出现景泰蓝后转音为发蓝，后又为珐琅。

普陀宗乘之庙圆形白台

原供有铜佛36尊，群楼北楼的一层墙壁原供有礤礤佛566尊。

御座楼楼下有两进院落。当年施工工期紧迫，又降大雨，使基座下沉，为加固大红台扩建了这座院落，后为寺内人员回避之所，称"哑巴院"。

大白台顶西南是千佛阁，千佛阁西北独起一座圆形白台，两台重叠式，高五层，下部两层圆形白台的顶部，又起一座直径稍小的三层圆形白台，视觉上与大红台建筑群连成一体。此白台仅为模仿布达拉宫西部的半月形白台建筑。

文殊圣境殿在大白台南端突出部的一座藏式平顶碉房式建筑。面阔五间，进深三间。南面饰三层琉璃完宙，东面为七层琉璃龛宙，西北有门与大红台相通。殿内北首的石须弥座上供有一尊铜鎏金文殊菩萨像，两侧有护法神。

玉宇琼楼

分布全国的古建筑群

增建文津阁和广缘寺等建筑

　　1774年，乾隆皇帝下令在避暑山庄平原区的西部建造了清代七大图书馆之一的文津阁。其营造法式仿照明代建筑的浙江"天一阁"。

　　外观为两层，实际是三层，阁中辟一暗层作藏书库，阳光不能直射到藏书库。室内油漆彩画考究，深绿色的柱子，蓝色封套卷册，白

避暑山庄康熙寝室

■ 承德双塔山

玉宇琼楼

分布全国的古建筑群

色的书端，都以冷色为主，给人以宁静的气氛。

文津阁建成以后，乾隆皇帝甚是喜爱，他在《文津阁记》中曾写道："欲从支脉寻流，以溯其源，必先在乎知其津。"此句即含有"文津"之意。

《四库全书》成书后共誊写了7部，《四库全书》中的第四部就收藏于文津阁，共36304册，分装6144个书函，陈列摆放在128个书架上。

文津阁的东北部有水门与山庄水系相通，阁前池水清澈，因造园家在池南的假山上，开出一个半圆形如上弦月的缝隙，利用光线，在水中形成下弦月的倒影，构成"日月同辉"的奇特景观，所以人在阁前特定位置向池中望去，只见池中有一弯新月，随波晃动，而天空却是艳阳高照。

山上横岭纵峰，沟桥岗壑，各自争奇。有棒槌山、罗汉山、双塔山等十大名山的缩影，更有"十八学士登瀛洲"的造型，还有仿米芾"宝晋斋"的园林布局。

文津阁东为碑亭，四角攒尖顶，上覆黄琉璃瓦，内竖石碑一通，通高5.34米，碑正面镌刻着乾隆皇帝题《文津阁记》，其余三面刻有乾隆作的三首诗。

每逢中秋佳节之际，天高气爽，登临"月台"赏月，但见园内，老树苍劲，枝杈纵横。一轮明月冉冉升起，把一片银辉洒向大地，山庄顿时银装素裹，清澈静谧。

乾隆皇帝题额的"广缘寺"位于普佑寺东，建于1780年，占地面积0.45公顷，长方形院落。属汉式四合院样式中的大式建筑。它是外八庙中最小且特殊的一座庙宇，它是一座由僧人为表示对皇帝的敬诚之意，由普宁寺堪布高僧擦鲁克集资敕准建造的寺庙。

广缘寺均为清代大式建筑，硬山顶，铺以筒板布瓦，并无琉璃相饰。其主体建筑由山门、天王殿、大殿、佛楼组成，东、南、西三面是围墙，后靠是山岭葱郁，形成了独特的宗教氛围。

帝王宫苑 避暑山庄

宝晋斋 就是米公祠，位于无为县城西北隅，为北宋著名书画家米芾知无为军时所建。米芾，人称"米襄阳"。他曾官礼部员外郎，故又称"米南宫"，后来任知军。他为官清廉，勤政爱民，时人感其德政，在他离任去世后，于米公军邸的旧址上建米公祠以示纪念。

■ 承德避暑山庄内寺庙建筑

■ 遥望须弥福寿之庙及棒槌山

　　山门也称为门殿，面南向三间式殿宇，正中镶石匾，门额题为"广缘寺"，东西围墙中部开左、右掖门，门殿内供奉护法金刚，即哼哈二将和一尊。山门内两侧有幢竿，为挂经幡之用。正北为硬山顶五楹天王殿，殿内供奉布袋和尚尊像和护法四大天王尊像。

　　天王殿北有大殿七间。此殿为该庙的主殿。殿内供奉金漆木雕的三世佛：迦叶像、释迦牟尼像和弥勒像。主殿硬山灰布瓦，无彩绘，有跑兽七尊，这种建筑样式在外八庙其他建筑中是不多见的。

　　大殿东西建有配殿。东配殿内供有奉护法伽蓝关帝，就是东汉末年名将关羽的画像，殿内曾有经案，是僧人念经的地方。西配殿内供三座舍利塔、佛挂画，是存放活佛舍利的地方。

　　大殿正北是全寺的后院，靠近山根处建有七间二层楼一座。正中三间为佛堂，两侧是经堂、居室，是主持堪布高僧即诺门罕活佛念经和修行的地方。楼的两侧各有僧房十余间，供住寺僧人居住。在乾隆时期，广缘寺常驻僧人22名，银响由理藩院供给。

　　1780年，清代西藏佛教格鲁派两大领袖之一、西藏拉萨的六世班禅仓央嘉措赶赴避暑山庄，庆贺乾隆皇帝70寿辰。六世班禅仓央嘉措在佛教界极具影响力，而且他是第一个到内地的班禅。

对此，乾隆皇帝极为重视，为了隆重接待六世班禅仓央嘉措，乾隆皇帝于1780年命内务府在承德仿照班禅所居的日喀则札什伦布寺的形式，专门兴修了须弥福寿之庙供他居住。

"须弥"即须弥山，藏语名"札什"，"福寿"藏语名"伦布"。须弥福寿的意思，是像吉祥的须弥山一样多福多寿。乾隆皇帝在《须弥福寿之庙碑记》中写道：

舍利 原指佛教祖师释迦牟尼佛，圆寂火化后留下的遗骨和珠状宝石样生成物。舍利子译成中文叫灵骨、身骨、遗身。它的形状千变万化，有圆形、椭圆形，有成莲花形，有的成佛或菩萨状；它的颜色有白、黑、绿、红的，也有各种颜色；有的像珍珠、有的像玛瑙、水晶；有的像钻石一般。

布达拉既建，伦布不可少。择向兴工作，亦以不日成。都纲及寝室，一如后藏式。金瓦映日辉，玉幢扬风舞。

■ 须弥福寿之庙山门

■ 须弥福寿之庙碑亭

班禅 全称为"班禅额尔德尼"，班禅是梵文"班智达"和藏文"禅波"的简称。西藏人一般相信班禅是"月巴墨佛"即阿弥陀佛的化身。而达赖为观音菩萨的化身，蒙古可汗自认为是金刚手菩萨的化身，清朝君主自认为是文殊菩萨化身。

乾隆皇帝在文中明确表达了这座庙宇兴建的速度、形制和落成后的壮丽。由于建庙是为了接待西藏政教首领六世班禅仓央嘉措，他曾居此并讲经，所以须弥福寿之庙俗称"班禅行宫"，或"行宫"。

后来，乾隆皇帝还命人在避暑山庄内为六世班禅仓央嘉措塑造了一尊坐像高73.4厘米，头戴通人冠，冠耳垂肩。身着藏式僧衣，袒右臂，以全跏趺坐，坐在莲台上。左手结定印，右手结说法印，面容微笑、充满祥和。衣缘处刻细致的缠枝莲花纹。

须弥福寿之庙位于避暑山庄北面狮子沟南坡、普陀宗乘之庙以东，建筑风格为汉藏结合的形式，有前部的山门和碑亭，中部的琉璃牌楼及班禅讲经处妙高庄严殿，后部山上为六世班禅仓央嘉措弟子住所金贺堂和万法宗源殿及琉璃万寿塔等。

须弥福寿之庙依山而建，占地面积近40000平方米，中轴线贯穿南北，总平面不是严格对称，但又成纵深地均衡布局。

山门坐北向南，前有五孔石桥，门前左右立石狮子一对。山门以北是一座重檐歇山顶的方形碑亭，碑为石龟所驮，碑亭四面有拱门，周围有石刻栏杆。

碑亭以北沿石磴道之上，矗立着三间四柱七楼式琉璃牌坊，匾额为"总持佛境"，意为统领一切教法。牌坊前两侧置石象一对，象征大乘有大力，能普度众生。

当年能够进入牌坊的人必备"蒙古王以下，头等台吉以上"的官职，其余的人只能在牌坊前叩拜。牌坊以北就是主体建筑大红台。从正面看去，牌坊有如大红台的大门，华丽的牌坊更衬托出大红台的雄伟。

牌坊 又叫"牌楼"，是我国封建社会为表彰功勋、科第、德政以及忠孝节义所立的柱门形构筑物，一般较高大，主要有木、石、木石、砖木和琉璃几种，多设于要道口。也有宫观寺庙以牌坊作为山门，还有用来标明地名的。牌坊也是祠堂的附属建筑物，昭示家族先人的高尚美德和丰功伟绩，兼有祭祖的功能。

帝王宫苑

避暑山庄

■ 须弥福寿之庙琉璃牌坊

■ 承德须弥福寿之
庙妙高庄严殿

须弥山 又译为
苏迷庐、苏迷卢
山、弥楼山，意
思是宝山、妙高
山，又名妙光
山。古印度神话
中位于世界中心
的山位于一小世
界的中央，后为
佛教所采用。传
说须弥山周围有
咸海环绕，海上
有四大部洲和八
小部洲，由金、
银、琉璃和水晶构
成，高约一百一十
多万千米。

大红台由三层群楼围绕，正面墙壁呈深红色，开
三层窗，窗楣上浮嵌琉璃垂花门头，形制颇为新颖。
群楼平面呈回字形，为"都纲法式"，形成封闭的内
院，给建筑内部造成了一种神秘莫测的感觉和与世隔
绝的宗教气氛。

群楼的中间巍踞着三层的"妙高庄严殿"，是佛
教圣地须弥山的象征，通高29米，曾是六世班禅仓央
嘉措讲经说法的道场，他曾在这里诵万寿真经祝乾隆
的70寿辰，当时由内蒙古的章嘉活佛相陪瞻礼，并亲
任翻译。

妙高庄严殿屋顶为重檐攒尖顶，覆盖着镏金鱼鳞
铜瓦，辉煌富丽，溢彩流光。脊上的八条龙，四上四
下，似腾云驾雾，栩栩如生，每条龙重量都在一吨以
上，可谓稀世瑰宝。

殿内第一层供的是释迦牟尼和黄教创始人宗喀巴

像，第二层供的是释迦牟尼及其两大弟子迦叶、阿难的像，第三层供的是三尊密宗佛像。

乾隆皇帝为六世班禅仓央嘉措亲题"宝地祥轮"匾额悬挂在妙高庄严殿的上方。

大红台群楼的顶部形成平面，通称平台，登平台可绕视妙高庄严殿鎏金屋顶的细部。

平台的四角建有四座单檐庑殿顶的角亭，脊上有琉璃制成的吻兽，北有孔雀，南有犀牛，色彩斑斓，灿烂辉煌，洋溢着吉祥祝福的气氛。

大红台西可达班禅六世居住的吉祥法喜殿，又称住宿楼，面宽五间，进深三间，高二层，重檐歇山顶，上覆镏金鱼鳞瓦，极为富丽豪华，脊上有吻兽。

妙高庄严殿与吉祥法喜殿鎏金瓦顶共用黄金15000多两。六世班禅仓央嘉措在吉祥法喜殿接受蒙古王公、贵族的礼拜，并为他们"摸顶"。

吻兽 又名鸱尾、鸱吻，一般被认为是龙生九子中的儿子之一，平生好吞，即殿脊的兽头之形。在我国古代建筑中，"五脊六兽"只有官家才能拥有。泥土烧制而成的小兽，被请到皇宫、庙宇和达官贵族的屋顶上。由于它喜欢东张西望，经常被安排在建筑物的屋脊上，做张口吞脊状，并有一剑以固定之。

■ 承德须弥福寿之庙吉祥法喜殿

■ 承德须弥福寿之
庙大红台

离宫 是指在国都
之外为皇帝修建
的永久性居住的
宫殿，皇帝一般
在固定时间都要
去居住。也泛指
皇帝出巡时的住
所。我国有史以
来最大的离宫为
避暑山庄，通常
称避暑山庄为承
德离宫。

在大红台正北的石级之上为万法宗源殿，此殿面宽九间，进深三间，高两层，黄琉璃瓦绿剪边歇山顶。下层是班禅随从的住处和处理事务的地方，上层是佛堂。

须弥福寿之庙最北的山巅上是一座绿色的八角七层的琉璃宝塔，称为"万寿塔"。塔身用绿色琉璃砖砌成，塔顶用黄色琉璃瓦铺覆。

这座宝塔结构灵秀，它背负青山，高耸屹立，直指苍天。塔身为七层，象征着乾隆70大寿。万寿塔为须弥福寿之庙的最高点，说明了皇权是至高无上的。

须弥福寿之庙是承德外八庙中由皇家建造的最后一座寺庙，这座寺庙比先前建造的寺庙在艺术及技术手法上，都有独到之处，其间汉式建筑装饰手法的巧妙运用，使得这座寺庙显得更为雄浑而完美。

到此为止，外八庙全部建成。这些寺庙都融和了汉、藏等民族建筑艺术的精华，历史悠久，风格各异，气势宏伟，极具皇家风范，成为避暑山庄外围又一道亮丽的风景。

到1792年时，清朝在承德避暑山庄的工程竣工，其规模就此臻于完善。避暑山庄由木兰围场缘起，从康熙皇帝开始，经历了雍正和乾隆共三代帝王，历时长达89年，才刻意打造出了避暑山庄这样一个幽静闲适的皇家离宫，一方香火缭绕的寺庙圣地，一座"合内外之心，成巩固之业"的长城。作为皇家宫苑，避暑山庄以其构造及建筑质量上乘，赢得了"移天缩地"之誉。

乾隆皇帝在位期间，除在避暑山庄处理军政事务外，尤其喜欢避暑山庄里的人文景致，到处走走看看，他还仿其祖父康熙皇帝的做法，为避暑山庄题了以三字为名的"三十六景"：

丽正门、勤政殿、松鹤斋、如意湖、

香火 指供奉神佛或祖先时燃点的香和灯火；来朝拜的很多，香火很盛。古时候香火也指后辈烧香燃火祭祖，故断了香火就指无子嗣。古时有一说，不孝有三，无后为大；即没有后代传承香火是最大的不孝。

■ 承德须弥福寿之庙琉璃宝塔

■ 承德须弥福寿之庙全景

青雀舫、绮望楼、驯鹿坡、水心榭、颐志堂、畅远台、静好堂、冷香亭、采菱渡、观莲所、清晖亭、般若相、沧浪屿、一片云、萍香泮、万树园、试马埭、嘉树轩、乐成阁、宿云檐、澄观斋、翠云岩、罨画窗、凌太虚、千尺雪、宁静斋、玉琴轩、临芳墅、知鱼矶、涌翠岩、素尚斋、永恬居。

乾隆皇帝命名的此"三十六景"与康熙皇帝所题的"三十六景"合称为清代时期的避暑山庄"七十二景"。

阅读链接

须弥福寿之庙龟驮碑的造型，舒展自如，若浮游于汹涌的海涛之上，鱼鳖虾蟹活跃在左右，活泼生动，碑刻记述乾隆皇帝建此庙的目的和意义。因石龟在佛经上被视为吉祥之物，所以它和整个寺庙的福寿主旨十分谐调。

据佛教传说，此石龟名"赑屃"，是东海龙王所生九子的第八子，因而称它为"王八"。它性情憨厚，适负重，加之喜文字，又是吉祥的象征。所以龙王就将驮御制碑的任务交给了它，并派了鱼、鳖、虾、蟹四大名将来守卫它。

武当山建筑

武当山，道教圣地，位于湖北省西北部的十堰市丹江口境内，又名太和山、谢罗山、参上山和仙室山，古有"太岳""玄岳"和"大岳"之称。

武当山是道教名山和武当拳的发源地，被誉为"亘古无双胜境，天下第一仙山"。明代时，武当道教达到鼎盛，其道场被明代皇帝直接控制为"皇室家庙"。

著名的建筑群有五龙宫、金顶、南岩宫、紫霄宫、太子坡、玉虚宫和太极湖等。

隋代后武当道观日益兴盛

武当山位于湖北西北部的十堰丹江口境内，西界堵河，东界南河，北界汉江，南界军店河和马南河，古有"方圆八百里"之说。

武当山主峰天柱峰，海拔约1.6千米。天柱峰被誉为"一柱擎

■湖北武当山古建

天"，因四周群峰向主峰倾斜，形成了"万山来朝"的奇观。

■ 武当山金顶天门寺庙中式古建

武当山古建筑群分布在以天柱峰为中心的群山之中，总体建筑设计匠心独运，或宏伟壮观、或小巧精致、或深藏山坳、或濒临险崖，十分注重与环境的相互补益，具有独特优美的建筑韵律。

同时也很讲究山形水势，聚气藏风，使建筑与自然达到高度和谐，体现了我国古建筑小中见大、以少胜多、疏密得宜、曲折尽致、诗情画意和物与神游、思与景偕的哲学思想。

武当山不仅拥有奇特绚丽的自然景观，而且拥有丰富多彩的人文景观，是自然美与人文美高度和谐的统一，因此，武当山被誉为"亘古无双胜境，天下第一仙山"。

相传武当山在很早的时候，就已经是我国著名的道教名山了，而且久负盛名。是我国著名的道教圣地

道教 是我国固有的一种宗教，创立于东汉时期。道教奉战国时期的思想家李耳为祖师，尊称他为"太上老君"，以《老子五千文》为主要经典。道教的"道"与"德"共同构成其教理的核心内容。经过历代发展，道教后来分为全真道、正一道和民间道教等主要派别。

■ 武当山五龙宫

之一。

　　东汉末期，由于我国的道教信仰和道教理论已经基本形成，所以武当山开始逐步成为中原道教活动中心的修炼圣地。

　　隋唐时期，武当道场得到封建帝王的推崇，促进了武当道教的发展，特别是唐代，李唐自称为老子的后裔，认为老子是李唐的祖宗，便扶持和崇奉道教，使之成为我国道、佛、儒三教之首，但首先使武当道教受到皇室重视的是唐太宗时期的著作郎姚简。

　　唐贞观年间，天下大旱，飞蝗遍地，皇帝下诏天下名山大川进行祈雨，几乎都没有任何感应。奇怪的是，后来武当节度使姚简在武当山祷雨居然灵验了。于是，姚简就将此灵异之事奏报了唐太宗李世民。

　　唐太宗甚为惊奇与感激，因而降旨就武当山建五龙祠以表其圣迹。五龙祠是皇帝敕建在武当山修建的第一座祠庙。此后，又有姚简、孙思邈、陶幼安、吕洞宾等许多著名高道前去武当山隐居修道。

　　八仙　民间广为流传的道教中的八位神仙。八仙之名，明代以前众说不一。有汉代八仙、唐代八仙、宋元八仙，所列神仙各不相同。至明代吴元泰在《八仙出处东游记》即《东游记》中把八仙定为：铁拐李、汉钟离、张果老、蓝采和、何仙姑、吕洞宾、韩湘子和曹国舅八人。

五龙祠位于武当山天柱峰以西的五龙峰山麓，灵应峰下，前为金锁峰，右绕磨针涧，是武当山建筑最早的八宫之一，它历经后来的几代修缮，共建有宫观庙宇850间，规模一度庞大，但后来仅存宫门、红墙、碑亭及泉池和古井等。

据《太和山志》记载，南岩为道教所称真武得道飞升之"圣境"，是武当山三十六岩中风光最美的一处。

唐末宋初时，在南岩始建有南岩宫，又名"独阳岩""紫霄岩"，是道教著名宫观，位于武当山的南岩绝壁上，上接碧霄，下临绝壑，周围峰岭奇峭，林木苍翠，山势飞翥，状如垂天之翼，以峰峦秀美而著名。

当时，八仙之一的吕洞宾就曾在南岩修道，后来南岩宫还一直留有他作的一首诗。史书盛赞南岩是"分列殿庭，晨钟夕灯，山鸣谷震"，并把"晨钟暮

■ 武当山南岩宫前石碑

玄武 是一种由龟和蛇组合成的一种灵物。玄武的本意就是玄冥，武、冥古音是相通的。玄，是黑的意思；冥，就是阴的意思。玄冥起初是对龟卜的形容：龟背是黑色的，龟卜就是请龟到冥间去诣问祖先，将答案带回来，以卜兆的形式显给世人们。因此说，最早的玄武就是乌龟。

鼓"用作了"晨钟夕灯"，说明当时南岩建筑布局错落有致，到了晚上，灯火成了别具特色的景观。

北宋时期，由于朝廷极力推崇和宣扬武当真武神，真武神的神格地位不断提高，也促使武当道教的形成和在社会上的影响日益扩大。

1018年，宋真宗赵恒因避所尊圣祖赵玄朗名讳，改玄武为"真武"，加封真武号为"真武灵应真君"，并尊其为"佑圣帝君"。同时，他还诏令建祠塑像崇祀，将五龙祠升格为"五龙观"。

宋仁宗赵祯即位后，他推崇真武神为"社稷家神"，并建真武庙塑像崇祀。到了宋徽宗赵佶统治时期，武当道教得到进一步发展。

宋徽宗不仅赐予真武神"真武"封号，还扩建五龙观，在武当山大顶之北创建了祭祀玄武的紫霄宫以虔诚祭祀。在当时，紫霄宫是武当山上首座以祭祀玄武真君为主的天柱峰金殿宫观。

■ 武当山紫霄宫

■ 武当山龟蛇二将

到了南宋时期，"玄武"信仰已经非常普遍，包括玄武修道武当山的传说都已经相当地深入民心。除宋宁宗赵扩和宋理宗赵昀等也先后赐予真武神"真武"封号，虔诚祭祀外，南宋进士王象之等也附会五龙观为玄武真君隐居的地方。

当时的著名道士邓若拙、房长须、谢天地和孙寂然等也纷纷去武当山修道，宣传道经，使武当道教得到了进一步发展。但后来，由于宋元交兵，湖北均州，就是后来的湖北丹江口也遭兵灾，它所辖的武当山的宫观因而受到了严重的破坏。

1267年，元世祖忽必烈定都北京。传说一年冬天，有龟蛇出现在京西郊的高梁河，大臣们纷纷上奏说是玄武显灵，皇帝自此特别崇奉玄武真君，道教深受元朝统治者的恩宠，武当山也因此成为了元朝皇帝"告天祝寿"的重要道场，武当道教得到充分发展。

进士 我国古代科举制度中，通过最后一级中央政府朝廷考试的人称为进士。是古代科举殿试及第者的称呼。意思是可以进授爵位的人。隋炀帝大业年间始置进士科目。唐代也设此科，凡应试者称为举进士，中试者都称为进士。元、明、清时期，贡士经殿试后，及第者皆赐出身称进士。

建醮 即作道场。每年清明、农历七月十五和十月初一要做道场，为羽化的道士超度亡灵，也可以出资请道士作道场。为羽化，即死去的道士超度亡灵。寻常信徒百姓为了祈福攘灾或追荐亡灵，也可以出资请道士作道场。

庙 世间达圣贤人去世后，都可以建造庙宇，像孔庙、二王庙等。庙通"妙"，所以庙是妙法真如的地方，被顶礼膜拜。寺庙很庄严，庙内的每一寸土地都不能随意更改，有严格的等级制度。

■ 武当山五龙宫

当时，在民间，朝山进香信士很多，香火很旺。"三月三真武圣诞节士女会者数万，金帛之施，云委川赴"。著名道士汪真常、叶云莱、张守清等迅速发展教团组织，武当道教的社会影响越来越大，武当山成为与天师道本山、龙虎山齐名的道教圣地。但不幸的是，紫霄宫毁于1270年的一场大火中。后来，元朝在高粱河筑昭应宫以祭祀玄武。

元代全真道士汪贞常入住武当山后，他在1275年率领徒众鲁大宥等人重建五龙观。1278年以道法术数著名于世的道士赵守节，领其徒重修武当佑圣观。

1286年，元世祖孛儿只斤·忽必烈借重道教，重建五龙观，升观为宫，命法师叶希真、刘道明、华洞真充任武当山都提点，并屡降御香至武当山祝愿祈福。

五龙宫的元君殿内供奉着铜铸鎏金玄天真武神像，高达1.95米，是武当山最大的真武神铜像。五龙峰右山坡下立有"大五龙灵应万寿宫碑"。

五口五龙井分两排并列于五龙宫道院内，历来是

皇帝在五龙宫建醮祭神的投简之地，地位极高，更为奇特的是只要在一口井中汲水，其他四口井的井水随之波动。

武当山龙头香

在五龙宫石殿门前悬崖上，有一横空出世的雕龙石柱，离地面约30米高，长3米，宽0.3米，石柱顶端刻着龙头，头朝正南方向，龙头上雕着香炉，龙身雕着云朵，这就是龙头香。

在当时，除了五龙宫外，元朝还建有琼台观称为"琼台宫"，位于天柱峰东南麓约10千米，分为上观、中观、下观，后来修葺扩建有24座道院，庙房数百间。

1304年，元朝又在武当山兴建了福地门、天乙真庆宫、玉虚岩庙、雷神洞岩庙和尹仙岩庙等100余栋建筑。

阅读链接

唐代贞观年间，武当山一带多年大旱，庄稼颗粒无收，当地的州官对此束手无策，唐太宗李世民得知情况后就派遣均州太守姚简前去祈雨，以解困百姓。

当姚简来到五龙祠后，在梦中遇到了红脸、黄脸、蓝脸、绿脸和灰脸的几位仙风道骨自称为五龙君的五位儒生，姚简向对方说明来意后，五位儒生现场做法，果然大雨倾盆，解除了当地居民的干旱之灾。

唐太宗得奏是贤明的皇帝感动了神灵，神灵才会来相助，于是下旨就在五位儒生祈雨之处建造五龙祠，后赐名五龙观。此后，每年都有地方官到这里祈求风调雨顺。

明成祖敕建武当山宫观

　　1368年，燕王朱棣，就是后来的明成祖，他曾借"皇权神授"宣称他将来必有大作为，是因得到了武当山玄武真君的阴佑。

　　在明成祖朱棣在功成登基成为永乐皇帝后，立即大兴土木，北修故宫，南修武当，而后者便是为了酬谢神灵，巩固统治。

■武当山金顶风景

■ 武当山紫宵宫

与此同时，明成祖还把玄武真君钦定为皇室的主要保护神，这些举动为武当道教的鼎盛拉开了序幕。由于朱棣对玄武真君的尊崇，武当山被封为"太岳""玄岳"，为"天下第一名山"。

在这以后，明朝的历代皇帝也一直把武当山道场作为专为朝廷祈福禳灾的朝廷家庙，扶持武当道教，加封武当山，扩建宫观，使其成了全国的道教活动中心。

在明永乐年间，明成祖曾经多次下旨，策划营建武当山道教宫观。1412年派遣工部大臣率军民工匠20万人，开赴武当山大兴土木。

历时13年，从筠县，就是后来的丹江口城内的净乐宫至天柱峰金顶之绵延70千米的路旁，共建成9宫、9观、36庵堂、72岩庙、39桥、12亭等33座道教建筑群，面积达160万平方米。

明成祖 （1360年—1424年），朱棣，明朝第三位皇帝，1402年登基，改元永乐。他在位期间，经济繁荣、国力强盛，史称"永乐盛世"。他五次亲征蒙古，诏令编修《永乐大典》，疏浚大运河，多次派郑和下西洋，巩固维护了我国版图的统一与完整。

玉宇琼楼

分布全国的古建筑群

龟趺 又名赑屃、霸下，明朝杨慎所撰《升庵外集》中称为龙生九子之长，貌似龟而好负重，有齿，力大可驮负三山五岳。其背亦负以重物，多为石碑、石柱之底台及墙头装饰，属灵禽祥兽。其原形可能为斑鳖。

1412年，紫霄宫得到重建。紫霄宫位于天柱峰东北，背依展旗峰下，距复真观7.5千米。面对照壁、三台、五老、蜡烛、落帽、香炉诸峰；右为雷神洞；左有禹迹池和宝珠峰。此地周围岗峦天然形成一把二龙戏珠的宝椅，所以明成祖封之为"紫霄福地"。

在紫霄宫中，对称耸立着两座御碑亭，为1412年敕建，坐落在高大石台之上。亭呈方形，四面各开拱门。两座碑亭内分别置巨龟趺御碑，两通御碑，一是圣旨碑，颁布明成祖对武当山的管理规章；二是纪成碑，记述着永乐皇帝为什么要修武当山及其过程。

御碑是用整块青石雕琢而成。雕刻精细，造型逼真，形体完美，是世界罕见的石雕艺术品，极为珍贵。

■ 武当山紫霄福地碑

紫霄宫内主体建筑紫霄大殿，又称"紫霄殿"，为紫霄宫正殿，是武当山保存下来的唯一的重檐歇山式木结构殿堂。建在三层石台基之上，台基前正中及左右侧均有踏道通向大殿的月台。

大殿面阔进深各五间，高18.3米，阔30米，深12米，面积358.8平方米。共有檐柱、金柱36根，排列有序。紫霄大殿上下檐保持明初以前的做法。柱头和斗栱显示明代斗栱的特征。梁架

结构用九檩，保持宋辽以来的用材比例。

紫霄大殿内部，金柱斗栱，施井口天花，明间内槽有斗八藻井。大殿正中神龛供奉真武神像，为明代泥塑彩绘贴金，高4.8米，是武当山尚存最大的泥塑像。

这里还供奉着一尊纸糊贴金神像，是我国最早、保存也最完好的纸糊神像，它集聚了我国古代纸糊、雕塑、贴金、彩绘、防腐等工艺的精髓，是一件文物珍品，对研究我国古代纸糊工艺有很高的价值。

明间后部建有刻工精致的石须弥座神龛，其中供玉皇大帝，左右协侍神像，均出自明人之手。

紫霄殿的屋顶全部盖孔雀蓝琉璃瓦，正脊、垂脊和戗脊等以黄、绿两色为主镂空雕花，装饰丰富多彩华丽，为其他宗教建筑所少见。

紫霄大殿屋脊由六条三彩琉璃飞龙组成，中间有一宝瓶，因为宝瓶沉重高大，由四根铁索牵制，铁索的另一头系在四个孩童手中。

传说，这四个孩童护着宝瓶，无论严寒酷暑和风雨雷电，他们都坚守岗位，确保宝瓶不动摇。因为所在位置比殿里供奉的主神还高，

■武当山紫霄宫

所以叫他们"神上神"。而老百姓看他们长年累月地风吹日晒，则叫他们"苦孩儿"。

整座大殿雕梁画栋，富丽堂皇，构思巧妙，造型舒展大方，装修古朴典雅，陈设庄重考究。

朝拜殿位于紫霄宫第三级阶台之上，原是云游道士挂单的地方。相传，在明朝时，香客信士只能在此朝拜真武，只有皇上到武当山祭祀时才能到紫霄大殿，因此称为朝拜殿。紫霄宫朝拜殿还有一个重要的用途，就是道教内部十方丛林道士挂单的地方，所以又叫"十方堂"。

十方堂建于1412年。殿堂两侧建有八字墙，墙上饰琼花、珍禽图案，墙下为琉璃须弥座。殿内正中供奉铜铸鎏金真武像。

据记载，武当山在明朝成为全国的道教中心，全国各地道士游方挂单者络绎不绝，因此设立十方堂，专门安排接待来往道士。

在紫霄大殿后的高大台基上建有父母殿。父母殿内古树参天、清山如黛，高敞清幽，是武当山最佳胜境之一。紫霄宫父母殿为三层砖木结构。

殿内设有三座神龛，正中神龛上供奉真武大帝生身父母明真大帝和善胜皇后的造像，道士信徒尊称为圣父圣母。

1412年，明成祖还敕建重修了南天门、碑亭、两仪殿等建筑，并赐额"大圣南岩宫"，当时有大小殿宇640余间。

南岩宫建筑群在总体布局上匠心独运，巧借地势，依山傍岩；在手法上打破了传统的完全对称的布局和模式，座座宫室镶嵌于悬崖峭壁，虽系人工，宛若天成，使其与环境风貌达到了高度的和谐统一，营造了"天人合一"的至高意境。

南岩宫当时主要建有天乙真庆宫石殿、两仪殿和南天门等21栋建筑物，建筑面积3505平方米，占地90000平方米。南岩宫外岩北有老虎口，岩南峰峦之上有梳妆台、飞升台等古迹。

■武当山南岩宫建筑

■ 武当山南岩宫

悬山式 指屋面有前后两坡，而且两山屋面悬于山墙或山面屋架之外的建筑，也称"挑山式"建筑。悬山建筑稍间的檩木不是包砌在山墙之内，而是挑出山墙之外，挑出的部分称为"出梢"。

南岩石殿额书"天乙真庆宫"，坐北面南，建于悬崖之上，为石雕仿木构建筑，其梁柱、檐椽、斗拱、门窗、瓦面、匾额等，均用青石雕琢，榫卯拼装。面阔三间11米，进深6.6米，通高6.8米，梁、柱、门、窗等均以青石雕琢而成，是武当山遗存中最大的石殿。

石殿顶部前坡为单檐歇山式，后坡依岩，做成悬山式，檐下斗拱均做两跳，为辽金建筑斗拱的做法。殿内有"天子卧龙床"组雕和"三清"塑像，四面环立500铁铸灵官塑像，均生动逼真。

殿体坚固壮实，斗拱雄大，而门窗纹饰则刻工精细，技艺高超。由于石构件颇为沉重，且又在悬崖峭壁上施工，难度很大，这也充分体现了我国古代工匠的聪明智慧和高超技艺。

南岩石殿的大殿丹墀之下为青石墁地院落，中有一口古井，名"甘露井"，井台以青石雕制，六角饰栏，水质清洌甘甜，犹如甘露。

从皇经堂到两仪殿之间的南岩宫长廊，遍布摩崖石刻，其中最负盛名的当数明嘉靖初年内阁首辅夏言和其弟子王颛所题"寿福康宁"四字。

南岩殿外远近有叠字峰、金鼎峰、滴水崖、崇福崖、白龙潭等胜景，更有仙山楼阁之妙。

南岩石殿外崖前有一石雕龙首，横出栏外，长2.9米，宽仅0.3米，从悬崖峭壁上横空出世，下临深涧，龙头顶端置一香炉，面对金顶，这便是号称"天下第一香"的"龙头香"。

石殿右下方崛起一峰，上建梳妆台、飞身岩，相传为"真武"舍身成仙之所。

两仪殿位于石殿"天乙真庆宫"右侧，坐北朝南，面临大壑。歇山顶式，砖木结构建筑，琉璃瓦屋面。殿后依岩为神龛，正面为棱花格扇门，安在前金柱上，与檐柱形成内廊，直通石殿。面阔三间，进深3.9米，通高7.29米。

复真观又名"太子坡"，始建于1412年，是武当建筑群中的一个较大单元。据记载，当时的主要建筑

金柱 在建筑物的屋顶梁架以立柱支撑，把立于最外一层屋檐下的柱子称檐柱，在檐柱以里，位于内侧的柱子称"金柱"。多用于带外廊的建筑。进深较大的房屋依位置不同又有外围金柱和里内金柱之分。金柱又是除檐柱、中柱和山柱以外的柱子的通称，依位置不同可分别以外金柱和内金柱。

■ 武当山两仪殿

有玄帝殿宇、山门、廊庑等29间。

复真观坐落在武当山狮子峰60度陡坡上，筑20栋，建筑面积3505平方米，占地60000平方米，被建筑学家赞誉为：利用陡坡开展建筑的经典之作。复真观背依狮子山，右有天池飞瀑，左接"十八盘"栈道，远眺似出水芙蓉，近看犹如富丽城池。

古代建筑大师们巧妙地利用山形地势，不仅创造出16000平方米的占地面积，而且数百余间殿宇结构出"一里四道门""九曲黄河墙""一柱十二梁"和"十里桂花香"等著名景观。

复真观的山门内，是建在古道上、依山势起伏的71米长红色夹墙，状如游龙，俗称"九曲黄河墙"。九曲黄河墙构思布局及用意都十分巧妙，流畅的弧形墙体，似波浪起伏，气势非凡。

九曲黄河墙的墙体厚1.5米，高2.5米，浑圆平

090

玉宇琼楼

分布全国的古建筑群

■武当山太子坡

■ 太子坡城墙

整，弧线流畅悦目；配以绿色琉璃瓦顶，犹如两条巨龙盘旋飞腾，无论从什么角度欣赏，都给人以美感，体现出皇家建筑的气派和豪华。

关于九曲黄河墙名称的来历，道教思想认为，给道教庙宇布施道衣、经书、造像、建筑、法器、灯烛、钟磬、斋食、香表者，都可以得到神灵的佑护，称为"九种功德"。所以说，九曲黄河墙就是体现道教思想的一种建筑。

复真观大殿，又名"祖师殿"，是复真观神灵区的主体建筑。通过九曲黄河墙、照壁、龙虎殿等建筑物的铺垫渲染，在第二重院落突起一高台，高台上就是复真观大殿，富丽堂皇的大殿使人感到威武、庄严、肃穆，顿生虔诚之感。

复真观大殿内，供奉真武神像和侍从金童玉女。

造像 又作造象。古时为生人、亡人或己身祈福，多有于僧寺或崖壁间镌石成佛像，也有以金属铸造佛像者，称之为造像。以石刻者，今存有北魏时龙门造像及云冈石窟造像等；以铜等金属铸造者，如陶斋吉金录所载宋韩谦造像及北魏徐常乐造像等。

更值得一说的是，一组巨大的塑像为武当山最大的彩绘木雕像。

在其左侧道院建有皇经堂、芷经阁、庙亭、斋房，随山势重叠错落。在其前面建有五云楼，也叫"五层楼"，高15.8米，是武当山最高的木构建筑。

五云楼采用了民族传统的营造工艺，墙体、隔间、门窗均为木构，各层内部厅堂房间因地制宜，各有变化。五云楼最有名之处就是它最顶层的"一柱十二梁"，也就是说，在一根主体立柱上，有12根梁枋穿凿在上，交叉迭摞，计算周密。

这一建筑学上的构架，是古代木结构建筑的杰作，历来受到人们高度赞誉，因而也成了复真观里的一大观。

在复真观建筑群的最高处，耸立着明代建造的太子殿，小巧精致又不失皇家建筑的气魄。太子读书殿里，布置得独具匠心，少年真武读书的壁画、石案、笔墨、古籍等。

所营造的刻苦读书的氛围，让人联想到当年幼年太子生活学习的艰辛、信心和恒心。殿内供奉有铜铸太子读书像，是武当山唯一求学祈福之地。

阅读链接

明代时，由于道教全真派自兴创时就提倡三教合一，其门徒皆遵从始祖王重阳"儒门释户道相遇，三教从来一祖风"的办道原则，改变"出家人六亲不认"的旧章，宣扬孝道。

于是，父母殿便成为敬奉父母的殿堂，用以教化世人。因此，武当山道教也有"三教合一"的说法。

据考证，父母殿始建于明永乐年间，早年毁废，后来建筑为清末重建，遗存有清代的建筑风格。武当山各大宫观都设有父母殿，是武当山皇家庙观的重要特征之一。

武当山道教建筑初具规模

1413年，明朝在武当山北麓始建净乐宫。净乐宫东西宽353米，南北深345米，面积达十多万平方米，其规模位居武当山八宫之首。

相传，八仙宫所在地曾是真武大帝之父净乐国王的治地，后来因

武当山净乐宫牌坊

■ 武当山净乐宫圣
父母殿

华表 我国传统的
建筑形式之一，
是我国古代宫
殿、宗庙、陵墓
等大型建筑物前
面作为装饰用的
一种巨大石柱，
原为木制的高
柱，其顶端用横
木交叉成十字，
似花朵状，起某
种标识作用，故
称之为华表。相
传华表既有道路
标志的作用，又
有为过路行人留
言的作用，在原
始社会的尧舜时
代就出现了。

明成祖赐额"元天净乐宫"而得名净乐宫。

净乐宫中轴线上为四重殿，一进为龙虎殿，二进
为朝拜殿，三为玄帝殿，四为圣父母殿，各殿均耸于
饰栏高台之上，宫门前是六柱华表式冲天大石牌坊。

净乐宫牌坊通高12米，宽为33米。牌坊内是净乐
宫山门，为单檐歇山式建筑，开三孔大门，建造在高
1.5米，宽41米，深32.2米的条石砌成的台基之上，砖
石结构，门两侧是绿色琉璃八字墙。

二宫门内是正殿，又名玄帝殿，其规模法式与紫
霄宫现正殿相似。面阔五间，进深五间，上施绿色琉
璃瓦，重檐歇山式砖木结构。

在净乐宫后，建有圣父母殿、东有紫云亭。净乐
宫原有东、西二宫，西宫后侧为御花园。尚有斋堂、
浴堂、神厨、道房、配房、皇经堂、东西龟驮御碑
亭、常平仓、更衣亭等单元建筑。

净乐宫宫内殿堂，廊庑，亭阁及道舍等建筑520余间，四周红墙碧瓦环绕，宫内重重殿宇，巍峨高耸，层层院落，宽阔幽深，环境幽雅，宛如仙宫。

在明、清名人游记中，把净乐宫描绘成皇帝居所，气势近似于北京故宫，故有"小故宫"之称。

净乐宫的镇宫之宝为一尊巨大的石龟，这尊石龟作爬行状，仿佛随时都要出城去。在净乐宫有东西两座碑亭，两尊大石龟分别驮着两通巨型石碑，碑上刻有明成祖当年为修建净乐宫所下的圣旨。

此碑通高8.5米，每座重约102吨，其中碑帽重8.5吨，碑版重17吨，最重的要数石龟本身，竟有76吨重。

磨针井又名"纯阳宫"，始建于1413年，在武当山的登山道旁，是一座纤巧玲珑，布局紧凑的道院。磨针井周围峰峦拱拥，翠林环绕，竹铺凉云，梅送暗香，被誉为"竹月梅风巧相映"的胜境。

■武当山净乐宫玄武殿

玉宇琼楼

分布全国的古建筑群

玉虚宫全称"玄天玉虚宫",始建于1413年,位于老营的南山脚下,坐落在约5000平方米的盆地之上,距玄岳门西约4千米,其规制谨严,院落重重,是武当山建筑群中最大的宫殿之一。

道教指此地原名玉虚,为玉皇大帝的居处,因真武神为"玉虚师相",所以此宫建成后起名"玉虚宫"。

在明代永乐年间,明朝"北建故宫,南修武当"时,这里为大本营,常有军队扎营,故俗称"老营宫"。当时,明朝在武当山建造了规模宏大的皇家庙观,而玉虚宫则是整个建筑群中最大的庙宇。

传说,当年的玉虚宫是城内套城,共有三城,即外乐城,里乐城和紫金城。三城都各有宫墙间隔连围,形成等级鲜明、规模宏大的宫城。

在后来的碑刻中,明成祖引用道教经典叙述了

■ 武当山玉虚宫

■ 武当山玉虚宫建筑遗址

"真武大帝"和武当山的关系，宣称他父亲明太祖朱元璋和他取得天下，都曾得到真武神的阴助默佑，因此在武当山建造宫观，表彰神功，报答神恩。

其规制之宏伟，与北京太和门太和殿的气派相似，"玉虚仿佛秦阿房"，由此可见玉虚宫当年何等气派。相传，玄武得道升天后曾被玉皇大帝嘉封为"玉虚相师"，故玉虚宫建成后，永乐皇帝朱棣钦定为"玄天玉虚宫"。

1416年，明成祖下令拨徒流人550户、3123人送往武当山垦荒，每年交纳斋粮、茶、盐及棉花，供养宫观。

令均州驻军专一巡视山场，派役夫洒扫宫观和烧造砖瓦，维修宫观，令湖广布政司定时巡视监督。设宫铸印，守护宫观，封武当山为"太岳太和山"。就在这一年中，太和宫、紫金城、金殿等相继建成，武

阿房 指阿房宫，被誉为"天下第一宫"。阿房宫是秦朝的宫殿，据史书记载，始建于公元前212年。遗址在今陕西省西安市西郊15千米的阿房村一带。阿房宫与万里长城、秦始皇陵、秦直道并称为"秦始皇的四大工程"，它们是我国首次统一的标志性建筑，也是华夏民族开始形成的实物标识。

■ 武当山太和宫正殿

格扇 一般所指中间镶嵌通花格子门，由一个门扇框组成，直的称边梃，横的称抹头。其中分为三部分：安装透光的通花格子称格眼或花心；下半部实心木格称裙板；花心与裙板之间称环板。常见于神龛两侧。

当山至此成为皇家庙观。

太和宫位于武当山主峰天柱峰的南侧，始建于1416年，包括古建筑20余栋，占地面积8万平方米，建筑面积1600多平方米。由古铜殿、紫金城和金殿等主要建筑组成。

太和宫正殿供奉着真武大帝坐像，龛上有金童、玉女侍立两侧，龛下列侍邓伯文、杨戬、赵公明、温天君、马天君、水火二将军等天神尊像。

殿门上有"大岳太和宫"横额，殿门左右有两通铜碑，一碑为祭祀碑；一碑为"敕建大岳太和山天柱峰第一境北天门外苍龙岭新建三界混真雷坛神像记"碑。

在太和宫殿前、武当山主峰前，有一座状似莲花的平台称"小莲峰"，台上置一小铜殿，俗称"古铜殿"，悬山式屋顶，殿体全部构件由铜铸构件拼装而成，卯榫拼装。各铸件均有文字标明安装部位，格扇裙板上铸有"此殿于元大德十一年铸于武昌梅亭万氏作坊"，是我国最早的铜铸木结构建筑。

太和宫古铜殿殿高2.9米，宽2.7米，进深2.6米，为1307年由湖北、河南等地的信徒捐资铸造，为我国现存的最早一座铜殿，有很高的文物价值。

这座元代的铜殿最早安置在天柱峰上，1416年移置于此，故又称"展转殿""转运殿"和"转身殿"。民间传说，环绕铜殿一圈，可转运得福。

此外，在太和宫前还建有朝拜殿，周列石碑，也有清代康熙皇帝敕"祝寿祈福文"、乾隆皇帝敕"豁免香税文"和道光皇帝敕"四楼轮换主持金顶文"等碑，还有诗刻碑《游天柱峰》。

朝拜殿的两侧为钟鼓楼，钟楼上悬挂着一口巨型铜钟，高1.57米，直径1.43米，为1415年铸造，音质清澈，万山回应。

朝拜殿右折便是皇经堂，殿堂三间，中悬"白玉

天神 指天上诸神，包括主宰宇宙之神及主司日月、星辰、风雨、生命等神。佛教认为，天神的地位并非至高无上，但可比人享有更高的福祉。天神也会死，临死前会出现衣服垢腻、头上花萎、身体脏臭、腋下出汗和不乐本座等五种症状。

099

道教圣殿

武当山建筑

■ 武当山金顶太和宫古铜殿

玉宇琼楼

分布全国的古建筑群

■ 武当山紫金城和
南天门

石雕 造型艺术
的一种。又称雕
刻，是雕、刻、
塑三种创制方法
的总称。指用各
种可塑材料或可
雕、可刻的硬质
材料，创造出具
有一定空间的可
视、可触的艺术
形象，借以反映
社会生活、表达
艺术家的审美感
受、审美情感、
审美理想的艺
术。石雕的历史
可以追溯到距今
一二十万年前的
旧石器时代中
期。从那时候
起，沿传至今。

京中"额，左悬"道济群生"，右悬"浮佑下民"，
廊壁有"松鹤"图。堂的门楣、门窗浮雕道教故事。
殿中供奉的神像有三清、玉皇、真武、观音、吕洞
宾、灵官等，塑造精美，形象生动。

在皇经堂附近有天云楼、天鹤楼、天乙楼、天池
楼等遗址。吊钟台上有口巨大铜钟，高1.7米，直径
1.1米，双龙钮吊莲花式，上铸有铭文："大明永乐
十四年龙集丙申三月去日敕建大岳太和山青微宫。"

离皇经堂不远就是紫金城的所在地南天门。紫金
城又称皇城，始建于1419年，是一组建筑在悬崖峭壁
上城墙，环绕于主峰天柱峰的峰顶。周长345米，墙
基厚2.4米，墙厚1.8米，城墙最高处达10米，用每块
重达500多千克的条石建筑在千仞危崖之上，墙上窄
下宽，里看墙体向外倒，外望墙体向里斜，远眺如美
丽的光围环绕金殿。

紫金城按我国天堂的模式建有东、南、西、北四座石雕仿木结构的城楼象征天门，该石雕建筑在悬崖陡壁之上，设计巧妙，施工难度大，是明代科学与艺术相结合的产物。

紫金城的东西北三门面临绝壁，唯南天门可通金殿。南天门内有灵官殿长廊，廊内有小巧玲珑的锡铸灵官殿，殿高1.5米，宽1米，内供灵官神像。在灵官殿右侧是明清时期的御制石碑六通。

在紫金城南门长廊的不远处，经"九连磴"，9转165级石梯，可达驰名中外的武当山金顶，俗称"金殿"。

此殿为铜铸仿木结构宫殿式建筑，始建于1416年，位于天柱峰顶端的石筑平台正中，面积约160平方米，朝向为东偏南，是我国最大的铜铸鎏金大殿。

早在15世纪，我国建筑和铸造就能取得这样卓绝

灵官 是道教的护法天神。道教有五百灵官的说法，其中最有名的是"王灵官"。在很多道家宫观的第一大殿中，供奉的镇守道观山门的灵官一般都是这位王灵官。其形象赤面髯须，身披金甲红袍，三目怒视，左持风火轮，右举钢鞭，极其威武勇猛，令人畏惧。

■ 武当山金顶紫金城

■ 武当山金殿

盘龙 龙是中华民族进入农业社会后创造的一种虚拟动物，属于水中动物，是我国古代的寓意纹样，样式为盘曲的龙，龙纹的一种，常刻绘其状以装饰器物。

天花 也称顶棚。建筑物内用以遮蔽梁以上部分的构件，一般可分为硬天花、软天花。硬天花以木条纵横相交成若干格，也称为井口开花，每格上覆盖木板，称天花板，天花板圆光中心常绘龙、凤、吉祥花卉等图案。

的成就，实为我国古代建筑和铸造工艺史上极其光辉的一页。我国建筑学家将它称为"古今第一殿"。

金殿的殿面宽与进深均为三间，面阔4.4米，进深3.15米，高5.54米，通体采用失蜡法铸造为铜铸鎏金，在北京分件铸，然后运到武当山上焊接而成。虽经500多年的严寒酷暑，仍辉煌如初。

金殿殿基为花岗岩石，四周装饰着华丽的白石花栏杆，立柱12根，柱上叠架、额、枋及重翘重昂与单翘重昂斗拱，分别承托上、下檐部，构成重檐底殿式屋顶。正脊两端铸龙对峙。

四壁于立柱之间装四抹头格扇门。殿内顶部做平棋天花，铸浅雕流云纹样，线条柔和而流畅。地面以紫色石纹墁地，洗磨光洁。

金殿的屋顶采用"推山"做法为特点。殿内于后壁屏风前设神坛，塑真武大帝坐像，身着袍衬铠，披发跣足，风姿魁伟，庄严肃穆，像高1.86米，重达10吨。

真武大帝左侧侍金童捧册，右侧侍玉女端宝，水火二将，执旗捧剑拱卫两厢。坛下玄武一尊，为金婉合体。坛前设香案，置供器等均系铜铸鎏金。神坛上方高悬馏金匾额，上铸"金光妙相"四字。殿外檐际，悬盘龙斗边馏金牌额，上竖铸"金殿"两字。

在金殿中的藻井上，悬挂着一颗流金宝珠，人称"避风仙珠"。即使殿外山风呼啸，殿内神灯仍长明不灭，熠熠生辉。

实际上由于金殿在构造时，不仅考虑到精密铸件的热胀冷缩系数，而且焊接严实，豪无铸凿痕迹，除殿门外，整座殿堂拼合得无隙无漏，殿内空气绝不能形成对流，因此狂风暴雨也不能对神灯有丝毫影响。

"雷火炼殿"是金顶一大奇观。每当多雷季节，由于雷电而产生的火球在金殿四周的铜柱上滚动，十分壮观。更为奇特的是，每次雷火之后，金殿四周铜柱上的锈就会消失。金碧辉煌，宏丽如初，是我国古代建筑和铸造工艺之中的稀世珍宝。殿前两楼，一为"金钟"，一为"玉磬"，均是铜铸建造。

阅读链接

武当山紫金城的金顶，向来为武当山的一大著名景观，尤其是雨过天晴时，紫金城金顶上空紫气氤氲，祥光霭瑞，云端上映出金光闪烁的金殿和真武神像，有时甚至有游客也会映入其云端。这种景色，稍纵即逝，如海市蜃楼，美丽至极，成为金顶一大奇观。

武当山紫金城的金顶，正由它有稀世国宝的金殿，而且位居武当山峰较高处，有一览众山小的美妙，有千奇万幻的景观，所以它自建成起，就吸引了众多的香客游人，甚至有"未到金顶不算上武当"之说。

对建筑大规模修缮和扩建

　　1552年，明世宗朱厚熜大拨银两重修缮和扩建武当山建筑，令工部右侍郎会同湖广布政司官员99人，统领60多个府、州、县军民工匠开赴武当，进行扩建。

■武当山金顶

■ 武当山雾景

经一年半努力，明朝在武当山共修缮、扩建武当山庙房955栋，宫墙40千米，石桥28座等，立牌坊封"治世玄岳"，使武当山在明代仍保持以八宫二观为主体的庞大道教建筑群，拥有土地2600多公顷的庞大规模。这次工程，计有道官、道众、军队和工匠等万余人参与其中。

武当山的整个建筑群，严格按照真武修仙的故事统一布局，并采用皇家建筑规制，形成了"五里一庵十里宫，丹墙翠瓦望玲珑，楼台隐映金银气，林岫回环画镜中""仙山琼阁"的意境，绵延70千米，成为世界最大的宗教建筑群，堪称我国古代建筑史上的奇观，被誉为我国"挂在悬崖峭壁上的故宫"。

1552年，玉虚宫又得到了大规模的扩建，此后它是武当山古建筑群中最大的单元。后来，明世宗朱厚熜在追述他的祖宗明成祖永乐皇帝大建武当山的功绩

明世宗（1507年—1566年），朱厚熜，嘉靖皇帝，他是明代实际执政时间最久的皇帝，在位45年。他早期整顿朝纲、减轻赋役，对外抗击倭寇，朝政为之一新，史称"中兴时期"。

■ 武当山顶峰

碑文中写道：

　　二百年来，民安国阜，媲属隆三王，虽或一二气数不齐，边疆小惊，旋而殄灭。至如庚戌，内生大奸，旋用褫殛。

　　由此可见，明世宗嘉靖皇帝也认为，明朝江山之所以能代代绵延下来，就是因其被真武大神所护佑。

　　所以，他不惜耗费亿元资财，重修武当，就连当时玉虚宫的管理者武当提点都是由明世宗钦选的，官至正六品。

　　经这次扩建后，玉虚宫占地面积约五百多万平方米，房屋达2200多间。五进三路院落，由龙虎殿、启圣殿、元君殿和小观殿及一系列堂、祠、庙、坛、亮等建筑物组成。

前后崇台迭砌，规制谨严，左右院落重重，楼台毗连，其间玉带河萦回穿插。四周朱墙高耸，环卫玄宫。放眼望去，飞金流碧，富丽辉煌，了无边际。

只可惜，在此后的两百年间，玉虚宫发生了两次毁灭性火灾，第一次，其轴线主要建筑均遭火劫；第二次，其附属建筑一并化为灰烬。后来，又因山洪暴发，数十万方沙泥直泄玉虚宫，大片房屋被吞没，号称南方"故宫"的玉虚宫自此成一片残垣断壁。

玉虚宫遗存建筑仅剩浑厚凝重的两道长约1千米的宫墙、两座碑亭、里乐城的五座殿基和清代初年重建的父母殿、云堂以及东天门、西天门、北天门遗址，以及重达百吨的"龟驮碑"亭四座。

玉虚宫宫墙壮如月阑绕仙阙，宫门为精雕琼花须弥石座，券拱三孔，两翼八字墙镶嵌琉璃琼花图案。门前是饰栏台阶，朱碧交辉，壮美富丽。宫门内是占地约2.7公顷的大院落，青砖铺地，开阔素雅。

宫门内外有四座碑亭，巍然对峙。亭内各置巨大的赑屃驮御碑，传说赑屃为龙王九子之一，力大能负重。

■武当山玉虚宫遗迹

■ 武当山仙境

三滴水 滴水是古代建筑瓦的术语名称，俗称"滴子"，筒板瓦屋面瓦件之一。底瓦垄的檐头瓦，比普通板瓦多一个如意形的"滴唇"，用以防止雨水的回流。"三滴水"是指古代建筑三层檐屋顶形式建筑的名称，多用于歇山式楼阁建筑。也有攒尖、庑殿、罕见悬山与硬山。

1552年，明朝在进入武当山的第一道门户、位于武当山镇东4千米处建造了"治世玄岳"牌坊，又名"玄岳门"，它上依层峦叠嶂的武当山，下临烟波浩渺的丹江口水库，湖光山色，相映成趣。

治世玄岳石牌坊系石凿仿大木建筑结构，为三间四柱五楼式的石建筑，高12米，宽12.36米，石凿卯榫而成。明间与次间之比为5比3。坊柱高6米，柱周设夹杆石以铁箍加固。

柱顶架龙门枋，枋下明间为浮雕大小额枋上部出卷草花牙子雀替，承托浮雕上枋和下枋，枋间嵌夹堂花板，构成明间高敞、两侧稍低的三个门道。

牌坊的额枋、檐椽、栏柱上以浮雕、镂雕和圆雕的手法，刻有仙鹤游云、八仙迎宾等图案；坊下鳌鱼相对，卷尾支撑；顶饰鸱吻吞脊；檐下坊间缀以各种花鸟图案，五檐飞举，做工精细，神奇美妙，堪称我国石雕艺术精品。

治世玄岳石牌坊正楼架于龙门枋上，明间左右立枋柱，中嵌矩形横式牌匾。次间各分两层架设边楼、云板与次楼，构成宽阔高耸的正楼、边楼，由上而下，逐层外展的三滴水歇山式的坊楼，正中坊额上嵌横式牌匾，刻着明代嘉靖皇帝朱厚熜的赐额"治世玄岳"四个大字，笔势隽永刚健。

"治世玄岳"的意思表明，嘉靖皇帝打算用武当道教及祀奉的真武神来治理天下。同时，也反映了嘉靖皇帝对武当山、真武神极高的政治企望，这也是当时武当山显赫地位的重要标志。

玄岳门前的灵官殿、玄都宫和回心庵等建筑，大多已经损毁，只遗存铜铸鎏金王灵官和六甲神像。

灵官大殿正面坐着身着铠甲，手执金鞭的王灵

镂雕 亦称镂空、透雕。指在木、石、象牙、玉、陶瓷体等可以用来雕刻的材料上透雕出各种图案、花纹的一种技法。距今5000年前的新石器时代晚期，陶器上已有透雕圆孔为饰。汉代到魏晋时期的各式陶瓷香熏都有透雕纹饰。清乾隆时烧成镂空转心、转颈及镂空套瓶等作品，使这类工艺的水平达到了顶峰。

■ 武当山玄岳门

山门 意为寺院正面的楼门，寺院的一般称呼。过去的寺院多居山林，故名"山门"。通常寺院为了避开市井尘俗而建于山林之间，因此称山号、设山门。山门一般有三个门，所以又称"三门"，象征"三解脱门"，即"空门""无相门""无作门"。

官。王灵官赤面三目，相貌狰狞，大有不顺天意敢作恶者，雷厉风行立即正法之势。

明代以来，王灵官被人们视为天上、人间的纠察之神。由于奉祀王灵官的殿堂一般都在道观山门处，因此道教徒进山门后首先朝拜王灵官。

1553年，明朝不仅扩建复真观殿宇至200余间，还在均州城至玄岳门长达25千米的途中修建了官道，路面全为方石铺成，平坦宽阔。沿路分布均州城、静乐宫、迎恩宫、三元宫和周府庵等宫观庙宇。

从玄岳门至金顶约35千米，道路崎岖，险峻地段设有石栏和铁链，由方石铺成，古称神道，沿途风光变幻莫测，神奇美妙。

在当时，武当山主要有北、南、西三条古神道，而东神道仅只是从丹江口盐池河镇到武当口村的普通一段。

■ 武当山古神道

■ 武当山石刻

　　武当山北神道位于天柱峰东北的丹江口武当山镇，这里是后来的交通枢纽，所产龙头拐杖、玉雕、木雕、陶瓷等工艺品，具浓厚的地方特色。针井茶为传统名茶。

　　武当山南神道位于武当山西南麓的丹江口官山，距武当山金顶仅有5.7千米，是豫川陕香客敬香的重要神道，素有武当后花园之美誉，是八百里武当山中的一块最原始、最神秘的幽静之地。

　　武当山西神道位于天柱峰西侧，史称西神道。沿途古木参天，风景如画，东有深沟大壑的雷涧，有金鼎、眉棱两峰左右矗立，七星峰南北屏立。

　　此神道，经丹江口六里坪、官山外朝山、分道观分道开始登山，经过猴王庙、娃子坡、全真观遗址，经过两株千年大银杏树、长岭抵全龙观。

茶　我国南方的嘉木，茶树的叶子制成茶叶后可以泡水饮用，有强心、利尿的功效，是一种保健饮品。茶的口感甘甜，清新醇厚，香味持久，是我国各地普遍受欢迎的一种饮料，同时也是世界三大饮料之首。茶是我国人民对世界饮食文化的贡献。

■ 武当山道观

厢房 又称护龙，是指正房两旁的房屋，经常出现在三合院、四合院中，正房坐北朝南，厢房多为在东西两旁相对而立，我国传统文化中以左为尊，所以一般来说东厢房的等级要高于西厢房，而且在建筑上东西厢房高度也有所差别，东厢房略高于西厢房，但是差别很小，肉眼看不出来。

再登黄土岭，到乱石窖，交古韩粮道，依次经财神、黑虎、火神、山神四座石庙，上黄土垭，再攀青龙背和吊钟台，经太和宫上金顶。

在明朝，历代新皇帝登基都要效法祖制，令钦差前往武当山朝奉，拨款维修宫观，并委派内臣负责保护管理。

到了清代康熙年间，清朝也曾先后三次修葺武当山建筑。磨针井就曾于清代康熙年间重建，有厢房50余间，面积1700平方米。

磨针井为一座四合院式道院，布局精巧，结构紧凑，主要建筑有山门、大殿、配殿、姥姆亭和北道院等建筑52间，大殿内的壁画《真武修真图》形象地叙述了真武修炼，得道成仙的故事，画风古朴。

在磨针井院内有一口古井，旁立一根铁杵，传说当年真武太子在此受紫元君化身姥姆以"铁杵磨绣针，功到自然成"的哲理点化，最终修道成仙。

磨针井之名，据说就取自真武大帝刻苦修炼，最后得道成功的故事。

因此，人们后来称真武太子和紫元君相遇之地为磨针井，并修建了磨针井和回心庵。

磨针井的主体建筑祖师殿，为三开间殿堂，殿内原供有真武青年时塑像。四壁绘《真武修真图》壁画，线条古朴高雅，色彩陈淡苍然，山水云树有致，各种人物栩栩如生，具有浓厚的地方民间画风，生动地反映了真武上山修炼的曲折故事。

殿前埋着两根碗口粗的铁针，乌黑光亮，象征姥姆当年所磨铁杵。殿旁栏台高举，拱拥井亭一座，重檐雕脊，凌空展飞，婷婷秀立，轻俏典雅。

亭中有井，亭内有一眼井泉，水质清洌，甘甜如饴，据说品尝后，能增智开慧。其上神龛内置铁饰金

四合院 是我国古老、传统的文化象征。"四"代表东西南北四面，"合"是合在一起，形成一个口字形，这就是四合院的基本特征。四合院建筑之雅致，结构之巧，数量之众多，当推北京为最。另外四合院也有包在一起的意思。

■武当山紫霄宫一角

武当山龟驮碑

姥姆磨针像，据说这尊像供奉紫气元君像，手捧铁杵，头微侧偏，笑迎过客，以相当高的艺术造型，渲染了这个道教故事。

在离磨针井不远的山巅上建有关帝庙，从前供奉关公像，后来仅存一把明万历年间铸造的铜制青龙偃月大刀，重达30多千克，是武当山珍贵的历史文物。

到清代嘉庆年间时，清朝又大修紫霄宫，从而使紫霄宫成了武当山八大宫观中规模宏大、保存较完整的道教宫观建筑之一。

紫霄宫共有建筑29栋，建筑面积6000多平方米，其中轴线由上而下递建龙虎殿、碑亭、十方堂、紫霄大殿、圣文母殿，两侧以配房等建筑分隔为三进院落，构成一组殿堂楼宇、鳞次栉比、主次分明的建筑群。

阅读链接

据记载，在武当山灵官殿从前有一副楹联，横批是"惩恶扬善"，联文为："好大胆敢来见我；快回头且莫害人。"

相传，昔日香客朝山进香，不管是文武百官，还是富贵商贾，都要在此卸轿下马，到灵官殿进香，洗心入静，虔诚敬神，否则会受到王灵官的惩罚，降临大灾大难。

因此，信士到此毛骨悚然，不敢胡思乱想，信口雌黄，只能心虔志诚地艰辛登山敬神。古有"进了玄岳门，性命交给神；出了玄岳门，还是阳间人"之说。

俞源村坐落于浙江省金华市武义县西南部，距县城20千米，是明代开国皇帝朱元璋的国师刘伯温按天体星象布局设计的古村落，是全国最大的俞氏家族聚居之地。

俞源村古建筑群是古人追求"天人合一"的经典遗存，是"罕见的地上天体星象奇观"。

俞源村历史文化遗存丰富，保存着较为完整的传统村落格局，村内遗存宋、元、明、清各个时期的古建筑达1072间，占地34000平方米。

古建筑形态多样，三雕精致，壁画精美完好，是我国华东地区建筑体系最完整的古村落。

俞源村建筑

以天体现象进行设计布局

浙江武义古村

俞源村位于浙江九龙山下、武义西南部，整个村庄被群山所围，地势由东南向西北缓降。发源自九龙山的溪流横穿整个村庄，与另一条小溪汇合折向村庄的北豁口，这条溪流为俞源全村的人居提供了充足的水源。

俞源起源于南宋。最早先入住该村前，只有朱、颜两姓住户。后来，由于俞氏一姓的入住，该村人丁兴旺起来，而朱、颜两姓却渐衰以至消失，村庄名也因而改为"俞源"。

■浙江古村马头墙

俞氏始祖为俞德，字处约，原籍浙江杭州。俞德因学业有成，被荐举为浙江松阳教谕。

他在任期间，经常往返于括、婺之间，就是后来的浙江丽水、金华，路过九龙山下的一处小村，此处溪山、田园之美深为他所喜爱。于是他当官不久，就离任率家小前去定居。俞氏初来时定居于东溪之南、西溪之东的前宅。

后来远近闻名的圆梦胜地俞源村洞主庙，就始建于南宋。洞主庙坐落于九龙山北麓龙宫山下，四面环山，环境清幽、夏凉冬暖，来自九龙山的小溪与来自龙宫山谷的小溪流在此汇合，成为俞源村的内水口，为俞川十景之一的"琳宫晚钟"。

洞主庙占地面积1500平方米，庙宇分正殿、清幽阁、两厢及附屋，共40间，造型精巧，古朴端庄。殿旁有高大的古樟树，树下有"梦仙桥"，古树、石

教谕 是学官名。宋代除宗学、律学、医学、武学等置教授传授学业外，各路的州、县学均置教学官。宋代于京师所设小学和武学中始置教谕。元、明清县学皆置教谕，掌文庙祭祀，教育所属生员。

■ 浙江芙蓉古村戏台

郡 我国古代的
行政区划单位之
一。始见于战国
时期。秦统一天
下设三十六郡，
后汉起，郡成为
州的下级行政单
位，介于州刺史
部和县之间。隋
朝废郡制，以县
直隶于州。唐朝
道、州、县，武
则天时曾改州为
郡。明清称府。

桥、古庙融为一体，如同一幅古画。洞主庙对面的梦山，翠竹茂密，果木飘香。

洞主庙素有"洞天清幽，避暑仙府"之美称，洞主庙远近闻名的是它的圆梦文化。俞源洞主庙以"圆梦"取胜，每年农历六月二十六洞主庙的"圆梦节"，是俞源的传统习俗，也是俞源古代文化的一个特色。

传说"俞源祀清源妙道真君祈梦甚灵。"因此，各方善男信女，虔诚而至，有的祈福消灾，有的保佑发财。圆梦节前后，更是车来人往，络绎不绝，圆梦者多时达数千人之众。

庙内佛堂前八间上下厅、两边六间小厅、饭厅以及圆梦楼三层屋18间全部客满。许多人为圆一梦甚至在庙前庙后、村头至村尾席地而卧，直到东方破晓。后来，圆梦活动逐步演变成为一种文化活动。

元末时，俞源俞氏自五世俞涞开始人丁兴旺，成为后来俞源村人口发展的主要源头，也是全国规模最大的俞姓聚居地之一。

俞涞，字巨川，号二泉，1354年时因其令四子组织民兵武装，惩处盗贼，保护郡邑，并倾己之所积，以赏卫士的义举，元朝廷升任他为处州府署，当时的元朝庭监司、元代著名将领石末宜孙夸赞他为"义民万户"。

由于俞涞此举为朝廷立下汗马功劳，俞源名声一跃而起，一时名闻遐迩，并有了"大甲邑"的美誉。史料记载，俞源村当时兴建了两座石拱桥，其中的一座利涉桥后来一直正常通行。

到了明初，当时有个叫刘伯温的人，他不仅精于相地之术，而且上通天文，下晓地理，是大名鼎鼎的明代开国谋士。

传说刘伯温与俞涞曾经是同窗，两人感情甚笃，而且俞源村是刘伯温从婺州、杭州回老家处州青田的必经之路。

据说，那时候的俞源村总是旱涝交替，常发瘟疫，民不聊生。为此，俞涞常觉苦恼。

浙江古村走廊

■浙江古村

八卦 又称"太极
八卦图",它是
我国古代道家论
述万物变化的重
要经典《周易》
中用的八种基本
图形,也称"八
卦",用"—"
和"——"符号组
成。名称是:乾、
坤、震、巽、坎、
离、艮和兑,象
征天、地、雷、
风、水、火、山
和泽八种自然现
象。乾、坤两卦
则在"八卦"中
占有特别重要的
地位。

有一次,当刘伯温途经此地,俞涞也碰巧在家,于是他就请刘伯温帮忙。刘伯温走遍当时的整个俞源后,开始对俞源设计并指挥改村口的"直"溪为"曲"溪,以溪流为阴阳鱼界线设立太极图。同时,村庄建筑按星象、八卦布局设计。

当时,俞源村周围有11道山冈与太极阴阳鱼构成天体黄道12宫,八卦形排列的28座堂楼,对应星象二十八宿,七星塘、七星井呈北斗星状分布为七口池塘,称"七星塘""七星神塘",分别位于村内的上菜园、大菜园、六峰堂、水碓塘边、下田、上泉和下泉。

俞源其他的公共建筑,位于七星塘周围,如后来的俞氏宗祠位于北斗七星的斗口,而之南宋时所建的洞主庙则位于北斗七星的斗尾了。由于其独特的村落布局,人称俞源为"太极星象村"。

"S"形溪流正好是一条阴阳鱼的界线，把田野分成太极两仪。这两极就是后来人称为的"西溪"和"东溪"。

自清风岭外来的叫西溪，由南而北流到俞源，大约8米至10米宽，溪西阴鱼则稻谷金黄，鱼眼处高山田畈，种着旱地作物；九龙山来的叫"东溪"，自东南向西北流到俞源，大约10米至15米宽。溪东阳鱼古树参天，鱼眼是一池圆形小塘。

东溪又有两个源头，一个大致在正东，出自仙云山和龙宫山之间的峡谷，叫"仙云水"；一个偏东南，出龙宫山的峡谷，因上游有沉香托梦的名胜龙潭，故叫"龙潭水"，两水在洞主庙前合流。东溪和西溪在俞源村西侧，汇合成"俞川"，随后直下武阳川奔浙江钱塘江而去。

两仪 《易经》

"易有太极，始生两仪，两仪生四象，四象生八卦。"指阴阳，阴中有阳，阳中有阴，即自然界中各种对立又相连的大自然现象，如天地、日月、昼夜、寒暑、男女、上下等，古人以哲学的思想方式，归纳出"阴阳"的概念。

■浙江古村一角

■浙江古村

此后，俞源的民居就主要围绕由东向西的一条溪流顺势而建，便于充分利用水源。大多数建筑都朝向南部的梦山，既满足了精神寄托又可充分利用阳光。

建筑高大宽畅，天井开阔，使民居内受光充足，通风良好。建筑选材精美，天井、道路的材料多用就地取材的鹅卵石，图案优美，做工考究。

贯穿东西的七星塘、七星井是极周到的防火设施，而且寄寓了消灾祈福的精神寄托。如此等等，使村落的布局、建筑的结构既与环境相协调，又利于人类居住，使"天人合一"的生态思想应用得极其完美。

在明代嘉靖、隆庆年间，俞源村文风鼎盛，出过尚书、大夫、进士、抚台、知县、举人等数百人，村人读书成风，历代书香不绝。

明代文学家宋濂、明初大臣章溢、明代翰林院士苏平仲、明代文学家、戏曲家冯梦龙、明代文学家、小说家凌蒙初等名家与俞源村都有着不解之缘。

为光宗耀祖，俞氏子孙于1567年筹资大兴土木扩建俞氏宗祠。1572年，贡生俞世美进京朝觐时，明代著名清官、人称"清词宰相"的严讷还专门为俞氏宗祠题赠了"壬林堂"三字。

俞氏宗祠原称"孝思庵"，是俞涞的四个儿子为其所建，据说，俞氏家族之所以人才辈出，就是因为"孝思庵"恰好坐落于天枢、天璇、天玑和天权四星所组成的七星"斗魁"之内，而"魁星"又称为文昌星。

此外，"孝思庵"当时还有个极富诗意的堂号"流水堂"。此名为春秋时期的晋国大夫俞伯牙与春秋时期的楚国鼓琴师钟子期的"高山流水"演化而来。

这次扩建后改为宗祠，为浙江当时最大的宗祠，是俞姓家族祭拜祖先等重大活动的公共场所。据俞氏家谱记载，宗祠建设用了整整六年时间，直至1573年才终于竣工。

俞氏宗祠位于俞源村西部，坐北朝南，面向上宅溪，分三进二院，共51间，中轴线上自南往北排列门厅、戏台、中厅、寝堂，两侧廊庑、厢房和附屋，占地面积2753平方米，各进台基

俞源古村石板路

依次抬高。

宗祠前有照壁，门前立旗杆石四对，大门左右置抱鼓石一对。俞氏宗祠体量恢宏，院落敞朗，有"处州十县第一祠"之谓，其戏台亦被称作"八婺第一台"，而古戏台对面正厅中央那块由明宰相严讷赠送"壬林堂"大匾，更是把俞氏家族的当年的声望和地位刻画得淋漓尽致。

门厅后来经过修建，面宽五间，二层，南面设排门，前、后檐施牛腿。戏台平面方形，歇山顶，柱内外两圈用八柱。

俞氏宗祠中厅面宽五间，进深九檩，明间前后双步用四柱，次间抬梁穿斗混合分心用五柱，柱头卷杀，月梁两端刻短鱼鳃纹，檩下托以单拱替木，前、后檐柱头和阑额出斗拱两跳，柱础明、次间用鼓形下垫古镜，梢间用碩形，建筑用材粗大。

俞氏宗祠寝堂面宽五间，进深九檩，檩前五后三，前檐施覆水椽作八檩前双后单步，明、次间用四柱，梢间用五柱，施月梁。

前、后天井两侧设廊庑共六间，抬梁式构架。门厅、中厅、寝堂两侧各有庑屋或附屋若干间。马头墙，硬山两坡顶。

阅读链接

据考证，俞源村内共有各类太极图案造型多达401个，配以"七星塘""七星井"按天体星象布局。俞源村口占地120亩的巨型太极图直径为320米，堪称全国之最，直径1厘米的微雕太极图是木雕中的精品。

传说，俞源村自明代开国皇帝朱元璋的国师刘伯温为俞源改溪设太极河之后，就再未发生过一次洪灾；据说，"商坐楼"边有口井称"气象井"，天晴水清见底，井水变浑浊定下雨；"声远堂"沿口桁条上九条木雕鲤鱼会随气候变化而变色。

清代进入建筑鼎盛时期

清初顺治年间，渝源主要以俞、李两姓为主。俞源李氏始迁祖是李彦兴。李彦兴迁到俞源后，和俞氏此后互通婚嫁，世代和睦融洽。

到清康熙年间，俞源村形态逐渐成为两岔。一岔长，前贴东溪，背靠锦屏山，长约600米，最宽处约170米。再往东南，山谷狭窄而

■浙江古村建筑群

浙江古村建筑

陡，房基地很少。另一岔短，在东溪西南岸、西溪东岸与小祠堂山之间，东西约200米，南北230米。再往南，小祠堂山根就贴近西溪了。

俞源村落分为三个大区：东溪东北岸的东南部叫上宅，这一段对岸的小祠堂山逼到了溪边；东溪东北岸的北部叫下宅；下宅面对的东溪南岸叫前宅。

上宅和下宅住的都是俞姓人。前宅为俞姓和李姓、董姓杂居：俞姓住北部；南部有个里巷门叫"陇西旧家"，里面住的都是李姓人；董姓人不到10户，也住在南部。

下宅群典型代表建筑六峰堂，建于康熙年间。六峰堂坐北朝南，因其面对六峰而得名，又因其后有"六峰书馆"，又名"声远堂"，由主体建筑、附屋和书馆等组成，门前有照壁，壁前为下宅坛。

六峰堂建筑规模宏大，造作精良，用材考究，雕刻精美，为俞源村古建筑群中的经典建筑之一，具有极高的文物价值。

六峰堂主体建筑由大厅、堂楼和两侧厢楼组成。院墙作四柱三间三楼式，壁面磨砖，花砖垒脊，明间正脊饰吻兽，雕刻华美，门内两侧有旗杆石一对。

大厅面宽三间，进深九檩，前后檐施牛腿托挑檐檩，明间前后双步用四柱，次间抬梁穿斗混合分心用五柱，施月梁，檩间用鸥鱼形单步梁，前檐檩下瑞禽、鱼龙等深浮雕图案极为精美；明间后檐金柱间施排门六扇，次间后檐施花格窗六扇。

堂楼为楼上厅，面宽七间，进深七檩，明间前后单步用四柱，底层有五柱，底层前檐廊。厢楼面宽七间一弄，进深七檩五柱，前檐施牛腿，底层前檐廊。

硬山两坡顶，五花山墙。主体建筑东、西两侧及北侧连有附屋，其与主体建筑之间有骑楼相连通。书馆位于主体建筑北侧，由两个三合院相连而成，均为两层建筑结构。

六峰堂正面的照墙正中，用贴砖砌了一座三开间的牌坊立面。明间开正门，门上匾额"丕振家声"。完全仿木结构，有柱有梁有枋，还有斗栱、呈方、椽

檐廊 指设置在建筑物底层出檐下的水平交通空间。上方有飘檐，廊的一边与房屋相依，一边有柱的走廊，称为柱廊，一边无柱，一边与房屋相依，两端有维护结构的称为檐廊。檐廊不一定是在建筑物底层，很多是在三层，房屋的四周。

■ 类似于俞源古村的兰溪诸葛八卦村

头，柱子上甚至用浅浮雕仿彩画的箍头卡子。

墙体下部勒脚装饰着几条水纹的砖雕带。整个做工很严整很严整。这种贴砖牌坊式门头在俞源不很多，还有"南极星辉"等几个，旁门也用砖门头，有两层牙子和瓦檐，不过都是斗栱和饰带式彩画的。

据说，六峰堂这家前后出过两位拔贡，所以大门内外各有一对旗杆石。大门外的一对旗杆石是俞继昌在康熙年间考取拔贡的标志。

大门内两侧的一对旗杆石，样式与外面相同，只是形体略小，这是俞继昌玄孙考取拔贡所立。因为长辈立在前，所以玄孙的旗杆石只能放在大门之内，而且形体略小，以体现长幼尊卑的封建儒学思想。

在乾隆至道光时期，俞氏、李氏宗族再度崛起，但与前世因科甲功名而繁盛不同，在这一时期里，俞源出的都是大商人。

俞氏的代表人物是上宅的俞从岐和他的儿子俞林檀和俞林模，以及俞君选和俞君泰兄弟。李氏的代表人物是李嵩萃。

在这段时期，俞源掀起改造居住环境，进入建设家园的鼎盛期。富户不惜血本，雇工兴建厅堂大厦，使俞源村落的布局发生了根本性变化，更趋向人居环境的优美。他们自乾隆以后大规模重建。

■浙江古村一角

在嘉庆、道光两朝时，为俞源的建设高潮时期，主要建筑在上宅和下宅。上宅最富，建有全村最大、最精美的大型宅子，而且宅子都有花园，所以建筑密度低，巷子比较宽，全用细卵石精铺地面。

下宅只有声远堂一座大宅，其余都是中等住宅，建筑密度大

了一些，巷子的卵石较为粗糙。

这一时期里的建筑，上宅的俞姓以万春堂、裕后堂两房份为主，下宅以声远堂、逸安堂两个房份为主。声远堂因为祖屋面对六峰山，这个房份便又叫"六峰堂"。万春堂、裕后堂、六峰堂都是六世祖善麟的后代。

前宅的俞姓堂号德馨，是六世祖善护一脉。俞氏一些小房份没有堂号，杂住在上宅、下宅和前宅。李姓当时只有一个堂号，叫"贻燕堂"。

万春堂包括上万春堂和下万春堂。上万春堂为俞从歧建造于1736年，因俞从歧是当地书法家，上万春堂又称"书法厅"，西偏南。

主体建筑由两个相向相连的三合院组成，中轴线上排列门厅、院墙、正屋，两侧及后侧建有附屋，占地面积1531平方米。

上万春堂建筑体量较大，造作讲究，雕刻精美，

堂号 指旧时一户人家的称号。历史上的名门望族大多有本家族的堂号。堂号产生的宗旨大致有三：一是牢记祖先的郡望；二是彰扬祖先的功业道德；三是训诫子弟继承发扬先祖之余烈。堂号包括郡望总堂号和自立堂号。

与裕后堂、下万春堂有着承前启后的家族关系，是俞源村社会发展历史的产物，具有很高的文物保护价值。

下万春堂为俞从岐次子俞林檀所建。平面形式与上万春堂相同，后进院加挡雨板，入口门前有一对旗杆石。后来，俞林檀第六代孙俞经受画兰花远近闻名，故称此厅为"画家厅"。

整个万春堂为三进院落，第一进三合院的门厅面宽三间，进深八檩，檩前三后四，后檐牛腿托挑檐檩，明间前单步对后双步，月梁两端刻鱼鳃纹，次间用五柱，中柱落地；各檩间施鸥鱼形单步梁，檩两端托以拱花，蝴蝶木固定檩子。

第二进三合院正屋宽七间，进深七檩五柱，底层前檐通廊两尽端设边门与附屋相连。前后进三合院之间的院落之间设院墙，中开大门，墙檐下有壁书题记。

在万春堂前后进两侧厢房为六间二弄，并各设楼梯，厢房底层前檐为前后进相通连的廊子；前院厢房前檐施牛腿。天井地面石板铺

玉宇琼楼

分布全国的古建筑群

■八卦村古老的窗户

筑。硬山两坡顶，五花山墙。主体建筑南北两侧附屋共七座，面向主体建筑相向而建，都有各自的小院落，形成相对独立的空间。

后来，清武义知县张荣堠特意赠匾"惠及行旅"，挂在俞源村万春堂内护门上楣，可见俞源当时客旅盛况，以及俞源村处在古代括婺间交通要道上的重要性。

佑启堂原名"桂花厅"，

■ 俞源村小道

为俞涞第七代孙俞昱建所建。后进有正屋五间，左右各有一个楼梯弄，楼上设香火堂。

此房派清雍正前后出了个拔贡俞文焕，康熙末年被宣平知事于树范聘为塾师，于树范之子于敏中于1737中状元后，亲笔手书"佑启堂"匾额，以赠恩师俞文焕。后来，佑启堂一直珍藏着当年宣平知事胡必奇撰文、处州教授周雯书写的字画一帧。

裕启堂屋后有一座高楼，为清代乾隆末年俞立酬所建，是一个小四合院，七间正屋，入口门厅为三开间，第二层无斗拱。屋前石子铺地，构成美丽图案，其中有太极图两个。

据传，石子是到附近的溪滩精心挑选，每粒都经毛竹筒套过，所以大小十分匀称，有"五斤石子十五里溪"之说。此屋大门外照墙上的水墨画，其人物山水均有较高艺术水平。

清代后期，前宅的住户贫穷的较多，后来多为中

拱花 是我国古代一种不着墨的刻版印刷方法。用凸凹两版嵌合，使版面拱起花纹，与现代印刷术中的凹凸印刷相似。以凸出的线条来表现花纹，衬托画中的行云流水、花卉虫鱼，使画面更富神韵。

玉宇琼楼

分布全国的古建筑群

■ 俞源村房屋

砖雕 我国古建雕刻艺术及青砖雕刻工艺品，由东周瓦当、汉代画像砖等发展而来。在青砖上雕出山水、花卉和人物等图案，是古建筑雕刻中很重要的一种艺术形式。主要用来装饰寺、庙、观、庵及民居的构件和墙面。

小型住宅，全村的小型住宅集中在这个区，大多质量很差。前宅建筑密度最高，巷子最狭窄曲折，路面也低劣而且破损。这一时期里，最具代表性的民居建筑为"精深楼"，又称"九间头"。

精深楼为俞新芝1845年所建。此屋有九重门，层层设门是为了防盗，其中第七道门下还设有暗道机关，盗贼误入就会掉入陷阱而束手就擒。

屋前配有花园、藏花厅。天井用二层石板铺就，石板从东南西北任何方向向中间数均为九层，这在我国传统理念中是一个神奇的圣数。

地袱也全用精致石板构成，就连安放在天井两边的花台亦用条石制成。整栋屋的石雕、砖雕、木雕的做工都相当精致，木雕尤为突出。

其雕工之细腻，技法之圆熟，而且内容独特，有白菜、扁豆、丝瓜等蔬菜瓜果，也有白兔、小狗、蟋蟀、蜜蜂等动物昆虫，显示出主人效法自然、热爱田园山水的人文精神。

在清末，丰富的彩画是武义乡土建筑的一个特色。彩画集中在住宅照墙向院落的一面。墙面以白粉为底，而彩画只在照墙上缘形成一个装饰带，分成若干段落，每段一幅画，题材很广泛，有花卉，有鱼鸟，也有故事人物场景。

俞源多书法家，所以常有写诗文的。上万春堂的照壁，正门门洞上"家声丕振"四个大字和两侧墙上的两篇短文，就出自于1885年拔贡俞锦云之手，他的书法名震一时。这面照壁彩画的构图已经趋向建筑化，在照墙的上部画垂莲柱、雀替等分划画幅，形同挂落。

比较复杂的，是在照墙上画三开间木牌坊，柱梁斗栱，一应俱全。这是清代用来取代以前贴砖的仿木

雀替 是指我国古建筑的特色构件之一。宋代称其为角替，清代称为雀替，又称为插角或托木。通常被置于建筑的横材梁、枋与竖材柱相交处，作用是缩短梁枋的净跨度从而增强梁枋的荷载力；减少梁与柱相接处的向下剪力；防止横竖构材间的角度之倾斜。有木雀替和石雀替两种。

■ 浙江古村酒家

牌坊的。因为彩绘远比贴砖自由，所以更重装饰性，不像砖那样严谨逼真。而且细节也多，柱子上端披锦袱、挂玉璧，枋子上绘有故事人物，如姜太公渭滨垂钓、刘晨阮肇入天台、烂柯山观棋等。一切仿木构件上都有图案花纹，不留空白。

柱梁斗栱基本的结构构件用黑色，小幅的画多用彩色，所以整体控制脉络分明，构图稳定，不致杂乱。绘画的风格介于写意画和工笔画之间，一方面能和木结构的逻辑大体协调；一方面又有点自由活泼，不致呆板。

俞源古建筑群的石雕很少，主要用在柱础上，其次是旗杆石和大宗祠的抱鼓石。天井沟里也有小小的雕花石板卡住，是在庆典的时候承架木板所用的，架木板为的是防人多事杂会有人不慎踏空把脚落在沟里受伤。

最华丽的一块石雕是井心石，即天井正中的一块方形石块，上面通常作高浮雕的动物和花卉。不过并不是每户的天井中都有。

天井以中央为最低，井心石上有剔透孔洞，雨水从孔洞漏入地下暗沟，与天井四周明沟下的暗沟相汇合，曲折流出户外。这块井石要在整幢房子造好之后，由德高望重的族中老辈来安放。

阅读链接

据史料记载，俞源古建筑群之所以能完好地保存下来，与其建筑工艺和选材不无关系。除建筑工艺无比精细外，在材料使用上更是近乎挑剔。

相传，1806年，俞氏后裔俞立酬在修缮上宅裕后堂住宅时，他曾经亲自去俞川河滩上挑选石子，一个人一天只选得了5斤，一直选到15里外的乌溪桥。

据说，用这种卵石铺成的天井和路面地面通地气，不存积水，雨水一下就迅速从石子缝隙落下，而且对人的身体健康有益，所以后来的有些住宅，院门的台明上仍满铺卵石。

青龙洞古建筑群位于贵州省镇远古镇城东中河山，占地20000多平方米，主要建筑由青龙洞寺、紫阳书院、中禅院、万寿宫、祝圣桥和香炉岩六部分，共计36座单体建筑组成，它集儒、道、佛、会馆、桥梁及绎道建筑文化于一身。

青龙洞古建筑群分别采用了"吊""借""附""嵌"和"筑"等多种建筑工艺，硬是在一段悬崖上筑出了中元洞、紫阳洞、青龙洞和万寿宫等一片阁楼洞天。它气势雄伟、构思大胆、布局精巧，为"入黔第一洞天"。

阁楼洞天

青龙洞建筑

舞阳河畔壮观的悬空寺

青龙洞正门

青龙洞古建筑群是一组占地近20000平方米、山北至南长达一里多的古建筑群的统称。大小100多间亭台楼阁，散布在贵州镇远城舞阳河畔的中和山麓，这里山势挺拔，峭壁悬崖。

巨岩和洞穴合为一体。道、儒、佛三种宗教的寺庙群生就山腰，是我国不同宗教同生共长、和谐发展的典范和楷模。

1388年，明朝始建青龙洞，建筑面积6600平方米。

它背靠青山，面临绿水，依洞傍崖，贴壁临空，五步一楼，十步一阁，翘翼飞檐，画栋雕梁，青瓦红墙，错落有致，曲径回廊，庭院幽静，既有园林韵味，又具寺院风格。

这些古建筑，依山因地分别采用了"下吊""借用""附岩""嵌入""筑台"等多种工艺，使其呈现出"洞中建楼""楼中藏洞""欲露先藏""欲扬先抑"，底层吊脚，阁楼悬空的独特风格。青龙洞古建筑群包括香炉岩、祝圣桥、青龙洞寺、紫阳书院、中元洞和万寿宫等建筑。

整群建筑靠山临江，依崖傍洞，贴壁凌空，勾心斗角，错落有致。那飞檐翘角、贴壁凌空、红墙青瓦的殿阁楼台，气势宏伟。造型独特的建筑物与悬崖、古木、藤萝、岩畔、溶洞融为一体，真是巧夺天工。

既有临江远眺的吊脚楼，也有恬静幽邃的寺院禅台，有朗朗书声的学子院，更有锣鼓喧天的戏台，集天下山水楼阁荟萃为一方。

香炉岩是青龙洞古建筑群舞阳河畔的一块突起圆形巨石，上大下小，形似香炉，故而得名。

■ 青龙洞道士像

香炉 焚香的器具。用陶瓷或金属做成种种形状。其用途亦有多种，或熏衣、或陈设、或敬神供佛。我国香炉文化的历史可以追溯到商周时代的"鼎"。香炉起源于何时，尚没有定论。古代文人雅士把焚香与烹茶、插花、挂画并列为四艺，成为他们重要的生活内容。

■ 青龙洞寺院

这是一块富有灵气的顽石。"吉祥翻转金钱水，香炉岩下白浪多。"就是古人咏叹镇远12景观中的古刹吉禅寺和香炉岩两个景点。

湍急的惠泉溪水自东南而下，舞阳河水自西奔来，交叉地冲刷着岩体激起千层白浪，荡起一个又一个的漩涡。

香炉岩是古城镇远最早注入人文内涵的地方之一。相传战国时期，公元前276年，楚国大将庄豪征伐夜郎，溯沅江而上到达镇远，于香炉岩摩崖石刻"沂流光"三字。所以古人这样来形容当时的香炉岩：

溪边流水绕香台，瑞气金炉五色开。

却是玉楼仙子度，冯夷捧出博山来。

明代时，有人还在香炉岩上建起了一座"凝砚亭"。后来，为了登临方便，有人在山体之间修架了石桥，更是惹人喜爱。

祝圣桥原名"舞溪桥"，横跨于舞阳河上，全长135米，宽85米，为七孔拱形大石桥，始建于1388年，由镇远土司思南宽慰使田大雅与镇远土知州何惠同奏请朝廷修建。

传说，祝圣桥的建造和张三丰有关。据说，在修桥时挖桥墩下脚就碰到了难题，因为河底淤泥太厚，所以一直挖不到底。众石匠尽管苦苦思索，也没有想出什么好的办法，工程因而停滞多日。

有一天，著名道士张三丰碰巧看见了，忍不住哈哈大笑，说："基脚挖成这样，已经行了，只是差一样东西垫在下面。"然后，张三丰找了个竹篮，去到街上买了一篮豆腐，晚上来到桥基地方，往每个基脚坑里撒了一些豆腐，口中还念念有词。

知州 古代官名。宋以朝臣充任各州长官，称"权知某军州事"，简称知州。"权知"意为暂时主管，"军"指该地厢军，"州"指民政。明、清以知州为正式官名，是各州行政长官，直隶州知州地位与知府平行，散州知州地位相当于知县。

■ 镇远祝圣桥

■ 贵州镇远青龙洞
建筑群

第二天，众人出工来到工地，往基坑一看，不禁大吃一惊！原来基坑底是整块的大青石，稳稳当当。就在青石上砌上了桥墩，所以镇远人都说祝圣桥是张三丰用豆腐垫的底。

青龙洞寺寺内的主要建筑有七栋，自低至高依次是灵官殿、财神庙、保山殿、观音殿、吕祖殿、玉皇阁、望江楼，占地460多平方米。

紫阳书院，俗称"紫阳洞"，原名"朱文公祠"。明时，为纪念南宋理学家、教育家和文学家"紫阳先生"朱熹，以传播儒学为主旨而建。

1530年，时任镇远知府黄希英主持建造紫阳书院于万寿宫东侧的石崖上，院内周围有摩崖多处，实属求学养性之地，为黔东地区较早兴办教育和传播文化的地方之一。

紫阳书院北通中元禅院，南接青龙洞，下至万寿宫，是青龙洞古建筑群中地势险要、环境幽深、建筑比较紧凑的一组，也是青龙洞古建筑群中儒家文化的代表建筑。其中雷神殿为最高建筑物。后来，镇远提学凌琯增建。

中元洞，也称"中元禅院"，明嘉靖年间建筑，古称"北洞""中和洞"。有大佛殿、望星楼、独柱亭、六角亭等建筑物，西接祝圣桥。中元洞山门是两块巨石斜靠天然而成，可谓神工鬼斧。门楣有"入黔第一洞天"。拾级而上，洞壁有摩崖"奇石仙缘"。

万寿宫，是青龙洞古建筑群中规模最大的一组，始建于1734年，建筑在濒临舞阳河东侧的石基坎上。由山门坊、戏楼、厢楼、杨泗殿、客堂、许真君殿与文公祠等单体组成。北连中元洞，南通青龙洞，上居紫阳洞，是一组从北往南延伸的高风火墙四合院。

整个建筑群重重叠叠、参差不齐，纵横有致，沿庭院小径漫步，登斯楼而极目，如临海市蜃楼，蓬莱仙山。为江南汉地建筑与西南少数民族山地建筑文化相结合的绝妙典范。有"西南悬空寺"之称。

阅读链接

传说，冯夷为古代传说中的水神，而青龙洞香炉岩就是由他从水中捧出来的。

从此，香炉岩以其凡间难得的美丽景观，被古人们视为神仙境界，并以各自的心境抒发情感，赞叹其美景："临江实兀见香炉，为爱青苔满岫铺。载酒登山看素月，浑凝身世在冰壶。"

当时最为风雅的是，人们经常划船于舞阳河上观景赏月、饮酒和常以《香炉岩》为主题吟诗唱和："一石盘空起，香炉旧有名。水连山共永，星与月之精。翠色余烟袅，悲风逐浪生。环中多代谢，万古此犹横"。

清代修缮和扩建古建群

　　1878年，时任镇远知府汪炳敖倡捐修建"魁星阁"于滇黔学子进京赶考必经的祝圣桥上，希望学子们能够魁星点斗，高中状元，所以老百姓又称"魁星阁"为"状元楼"。

■青龙洞古建筑状元楼

状元楼位于祝圣桥的东起第三孔与第四孔之间的桥面上，该楼为三层穿斗式、三重檐、八角攒尖、青筒瓦顶的楼阁结构。

状元楼建成后，汪炳敖在楼阁上题有三副楹联，其中题于状元楼正门两侧的一副对联是：

■ 状元楼近景

扫尽五溪烟，汉使浮槎撑头出；
劈天重驿路，缅人骑象过桥来。

横幅是：河山柱石。

在三副对联中，以这副对联最为经典，极为真实地记录了清中后期在官驿上，缅人骑象赴京朝贡路过祝圣桥的重要史实，以及名城镇远昔时曾为南方丝绸之路上水陆通衢的历史见证。这座桥自建成后，就一直成为东南亚各国使节到北京的交通要道。

状元楼阁北面楹联是：

人上翠微梯，蓬岛春聆天尺五；
客来书画舫，桃花流水月初三。

横幅是：云汉天章。

据传魁星楼建成十年后，贵州果然破天荒地出了个状元，名叫夏铜鹤。继贵州第一位状元夏铜鹤之后，清朝时，贵州青岩又先后出了赵状元和周懿煌等

南方丝绸之路
也称蜀身毒道，总长大约2000千米，是我国最古老的国际通道之一，早在2000多年前的西汉时期就已开发。此路以我国四川成都为起点，经由攀枝花到云南的昭通，然后从德宏出境，进入缅甸、泰国，最后到达印度和中东。南方丝绸之路与西北丝绸之路一样，对世界文明做出了伟大的贡献。

奇才，皆得益于此魁星阁的映照。

圣人殿建于1878年。殿身底层柱头架空于山石之上，具有干栏式的建筑特点。重檐歇山顶屋面因山就势，局部截除，处理自由灵活。

上层原供有理学大师朱熹牌位，上刻"南宋徽国文公朱子神位"，下层供祀孔圣人牌位。回廊隔扇窗绦花板雕花而成。

光绪初年，紫阳书院的部分建筑得到恢复，时任贵州巡抚林肇元题总门额"青龙洞"，大门联为：

文笔临溪，二水潆洄环古刹；
香炉鼎峙，万家烟火接丛林。

144

玉宇琼楼

分布全国的古建筑群

■ 青龙洞中堂

在当时，紫阳书院已经成为儒、释、道三教的结合体，而单一的儒学教学已退居次要地位。

其中，屹立于峭崖之上的三角亭为紫阳书院建筑群中别具一格的单体建筑，其三柱而立的造型极为罕见。亭子为一座小巧玲珑的单檐三角攒尖顶独立观景亭，站在其上分别将三面方向之处的"石屏巨镇"、紫阳书院、青龙洞等美景借入亭中。

■ 镇远沿河青龙洞
古建筑群

在青龙洞这一组建筑物中最具特色的就是玉皇阁，玉皇阁在观音殿上方，系紧贴青龙洞主洞口凌空而建，为一座两位一体的悬空干阑式木结构骈体建筑。

建筑于悬崖洞口挑楼，阁中有洞，天人合一，顺其自然，形成了半壁楼台半壁洞的绝妙景观，是青龙洞古建筑群中选址最为大胆的单体建筑，出人意料，匠心独运，成为了地道的空中楼阁。

在清乾隆年间，清朝在青龙洞陆续创建了"中元洞"和"万寿宫"。"中元洞"也称"中元禅院"，集儒、道、佛、会馆、桥梁及绎道建筑文化于一身。

整群建筑靠山临江，依崖傍洞贴壁凌空、勾心斗角，错落有致。主要建筑有山门、中元洞、万寿宫、大佛殿和望星楼等，构成蔚为大观之古建筑群。

中元洞在石门内，为天然洞，俗名"观音堂"，

干阑式 多用于我国南方多雨地区和云南贵州等少数民族地区，一般采用底层架空，它具有通风、防潮和防兽等优点，对于气候炎热、潮湿多雨的中国西南部亚热带地区非常适用。这类民居规模不大，一般三至五间，无院落，对于平坝少、地形复杂的地区，尤能显露出其优越性。

麒麟 亦作"骐麟",简称"麟",它的外形看上去像鹿,头上有独角,全身覆盖有鳞甲,尾像牛尾。它是我国古籍中记载的一种动物,与凤、龟、龙共称为"四灵"。传说它是是神的坐骑。古人把麒麟当作仁兽、瑞兽。雄性称麒,雌性称麟。麒麟是吉祥神兽,主太平、长寿。

又称"丹台玉室",有北、西、南三个洞口,洞内有前人题刻的摩崖、诗碑多处。

传说这里曾是道教祖师张三丰的修炼之处,而且西洞口内还有他在此修炼的石床,石床上方有酷似包袱、雨伞、草鞋等"遗物"的钟乳石,形神兼备,令人叹为观止。

万寿宫又称"江西会馆",是镇远"八大会馆"之一,为明清时期在镇远经商的江西籍人迎客会友,聚会玩乐,共议商事的地方。

万寿宫是叠层式的殿堂建筑,由高高的火墙围成长方形的封闭式整体。大门是一座高约6米、宽约16米的塔式牌楼,顶部竖行刻有"万寿宫"三个大字。

它占地740多平方米,共有大小不等的八栋建筑:门牌楼、戏楼、观戏厢楼、杨泗殿、内戏台、客

■ 镇远青龙洞紫气东来阁

房、许真君殿和文公祠等。

在这组建筑中最为突出的是万寿宫戏台上的木作雕饰和大门墙檐上的石刻砖雕，是整座古建筑群中装饰构件艺术的精华。

万寿宫正门内是一组四合院，北边是明代杨泗将军殿，南为戏楼，东西为观戏的厢楼。

戏台用曲廊与厢房相连接，罩面枋上有十幅各宽40厘米、厚20厘米的木雕戏文图，戏台两柱上有倒立的麒麟，顶部是四层六角形的藻井，当中饰"龙腾云雾"图案，台后有一幅福禄寿星图。戏台两边的对联是：

不典不经，格外文章圈半句；
半真半假，水中明月镜中花。

万寿宫大门两侧离地高4.26米的墙体上所镶嵌并保存至今的石刻砖雕，精刻着青龙洞古建筑群全景完整的原貌。

在两块0.4米见方的石砖上，把整个青龙洞古建筑群的原有风貌淋漓尽致地展现了出来，该砖雕的意义不仅仅是体现了工匠精湛的技艺，更重要的是它能让青龙洞古建筑群遗产永远传下去。

万寿宫中，除了供奉有许真君之外，还有杨泗将军，文天祥文丞相，代表忠义之节，体现了江西人对于乡邦先贤的崇敬之意。而许真君信仰，也随着江西商人的足迹，播扬于黔中。

青龙洞古建望兴楼

清末时，青龙洞古建筑群增建了大佛殿、望星楼、六角亭等建筑，占地约845平方米。

大佛殿是一座重檐歇山式的殿堂，下层用砖石垒砌起墙，上层雕有栏杆、窗棂，十分精密细致。殿后的圆拱门上刻有"渐入佳境"四个字。

望星楼位于大佛殿北侧的"千佛岩"上，建筑平面呈六角形，三层，攒尖式顶，中层的过廊与大佛殿的藏经楼相连，下层的回廊和大佛殿的后院相互沟通。

大佛殿南边的石台上有一座小亭子独柱亭，亭是六角攒尖顶式，亭子藻井的中央有"双龙戏珠"的图案。

望星楼和独柱亭都使用了十分巧妙的建筑手法：望星楼没有一尺平地做基址，而是建在锥形崖体上，独柱亭的基础只是一根木柱。

阅读链接

相传，在万寿宫中，曾经设置有收留流落黔中、没有路费回家的江西人的地方，供给衣食，然后发给回乡路费。此外，万寿宫里，还供奉有孔子和朱熹等大儒，是作为学堂的地方，学堂不大，属私塾。

当时，学堂除培养在贵州的江西商人后代经商外，也接纳在贵州的江西籍优秀学生受学。

早在宋明两朝，就出现过"满朝文武半江西"的盛况，与江西人重视教育的风俗有关。而这种风俗，伴随后来万寿宫的修建，在贵州的江西商人中也得到了留存。